KB066837

복지국가의 탄생

복지국가의 탄생

사회민주주의자
웹 부부의 삶과 생각

박홍규 지음

아카넷

머리말

19세기 말, 당시 세계에서 가장 잘사는 나라 영국에서, 엄청난 부잣집 딸과 지극히 가난한 소매상집 아들이 결혼을 했다. 그야말로 빈부 차이, 계급 차이를 뛰어넘은 기적 같은 결혼이었다. 그래서 부잣집 딸이 쓰레기통에서 남자를 주워 억지로 결혼했다는 풍문이 떠돌고, 심지어 그녀가 정신이상이라는 소문이 날 정도로 특이한 결혼이었다. 현실이 소설이나 영화보다 그럴 듯하다는 이야기처럼 그 결혼은, 당시의 결혼 풍속을 잘 보여주는 제인 오스틴Jane Austin, 1775~1817의 소설이나 그것을 영화로 만든 작품에서 우리가 자주 본, 중류층의 선남선녀가 서로 밀고 당기는 아기자기한 결혼 정경과도 달랐다. 하류층의 테스나 주드의 비극적 결혼을 그린 토머스 하디Thomas Hardy, 1840~1928의 고통과도 다른, 극단적인 상류와 하류의 결합이었다.

큰 키에 늘씬하고 뛰어난 미인인 데다가 고상하고 똑똑한 신부와 달리, 영국인치고는 정말 보기 드물게 160센티미터라는 대단히 작은 키에 못생긴 근시의 약골로 말투까지 촌스러웠던 신랑은 신부보다 거의 두 살이나 어렸다. 게다가 신랑은 유독 머리가 컸다. 그런데 세간의 통념에 따라 머리 큰 그가 과연 공부를 잘해서 옥스퍼드나 케임브리지 같은 일류 대학을 졸업했을까. 신랑은 대학 문 앞에도 가본 적이 없는 중졸 공무원이었다. 그러니 우리네 드라마나 영화처럼 부잣집 딸이 고시에 합격한 가난한 집의 수재와 결혼한 것도 아니었다. 부잣집 미인 딸과 가난한 집 못난 아들이, 현실에서는 거의 있을 수 없는 기이한 결혼을 한 것이었다. 100년도 더 전의 영국 이야기였다.

여자가 반한 것은 오로지 남자의 생각이었다. 3년 전 여자는 남자의 글 한 편을 읽고 감동하여 그들 사이의 빈부 계급 차이를 뛰어넘는 사회민주주의자가 되었다. 사회민주주의라는 말에는 여러 가지 뜻이 있지만 이 책에서는 '사회주의를 민주주의에 의해 점진적으로 실현하여 복지국가를 만들려고 하는 생각'의 준말로 이해한다. 즉 민주주의에 의한 사회주의로 복지국가를 이루려고 하는 것이다. 그러니 사회주의를 소위 '프롤레타리아 독재'로 급격하게 혁명적으로 만들고자 하는 마르크스주의나 레닌주의 또는 공산주의와는 다른 것이다.

사회주의라는 말에도 여러 뜻이 있지만 이 책에서는 무엇보다도 개인의 재산권, 즉 사적 소유의 권리를 사회적 차원에서 제한하는 것으로 이해한다. 그 극단적인 제한, 즉 모든 생산수단을 국유로 하자는 것이 공산주의인 반면, 모든 생산수단의 국유화가 아니라 중요한 사회적 생산수단을 국유화하되 일상적인 생활에서는 기본적으로 사유화를 인정하는 것이 사회민주주의다. 반면 모든 생산수단의 사유화를 인정하는 것이 자본주의다. 따라서 사회민주주의는 공산주의와 자본주의의 중간이라고 할 수도 있다. 이러한 사회민주주의를 우리나라 헌법이 금지한다고 생각해서는 안 된다. 도리어 그 반대로 인정하고 있고, 실제로도 어느 정도 인정된다. 가령 우리나라에도 국유산업이 상당수 존재한다. 따라서 우리 헌법은 도리어 순수한 의미의 자본주의를 인정하지 않고 있다.

여기서 더 중요한 점은 사회민주주의의 목표가 복지국가의 수립이라는 것이다. 이는 복지국가의 이념이 사회민주주의임을, 즉 정치적으로는 의회민주주의, 경제적으로는 혼합경제, 사회적으로는 완전고용과 사회보장제도의 실현임을 뜻한다. 복지국가welfare state라는 말은 그것이 본래 독일 나치를 권력국가power state라고 한 것의 반대말로 당시 영국에서 처음 사용된 것처럼(그 최초의 사용자는 영국의 윌리엄 템플William Temple, 1881~1944 주교였다), 우리도 권력만을 추구하는 정치와 구별되는 개념으로 삼을 필요가 있다. 가령 이 글을 쓰는 2017년을 기점으로 그 이전을 권력국가,

그 이후를 복지국가로 나아가고자 하는 것으로 볼 수 있다.

이러한 복지국가란 흔히 국민의 공공복리와 행복의 증진을 주요한 기능으로 하는 국가를 말한다고 정의되지만 이는 대단히 추상적인 설명이다. 그렇게 말한다면 세상에 복지국가를 지향하지 않는 정치지도자나 국가가 어디 있겠는가. 보통 복지국가의 모델이라고 불리는 영국에서 복지국가란 사회복지, 완전고용, 그리고 중요한 산업과 서비스의 국유화를 목표로 하는 나라로 이해되고 있다. 우리나라도 복지국가라고 하지만, 그 수준을 보여주는 복지예산은 OECD 국가나 비슷한 경제 규모의 국가군에서 터키, 그리스, 멕시코 다음으로 낮은 축에 속한다. GDP 대비로는 뒤에서 멕시코에 이어 2위7.5%이고, 그중에서도 장애인 관련 예산은 특히 낮다. 따라서 지금 우리가 과연 복지국가에서 살고 있다고 할 수 있는지 의문이지만, 분명한 사실은 우리도 이제는 복지국가를 지향하고 있고, 반드시 지향해야 한다는 점이다.

복지국가나 사회민주주의는, 우리가 법을 공부하면서 법이 "신분에서 계약으로from status to contract" 진보한다고 배운 것과는 반대되는 것이다. 그런 변화는 중세에서 근대까지의 변화였고, 현대에 오면 "계약에서 사회로from contract to society" 변하는 것이기 때문이다. 출생이라는 단 하나의 사실에 의해 자신의 운명이 결정된 신분사회, 즉 계급사회에서 해방된 자유롭고 평등한 사람들

사이의 계약으로 이루어진 사회가 근대사회였지만, 그 계약이란 사실상 사회적 제약을 받는 것으로 사회적 약자의 경우에는 전근대의 신분보다 더 제한적인 것이었다.

이는 해방 후 우리나라가 '자유' 대한민국이라고 주장되어왔지만, '개천에서 용 난다'는 말로 상징되듯이 대부분의 사람들은 '개천'이라는 신분적 제약을 벗어나기 힘들었고, 거기에서 용이 나는 매우 예외적인 경우마저 이제는 불가능하게 된 오늘의 현실을 통해 알 수 있다. 그래서 부자는 부자로, 빈민은 빈민으로 자자손손 이어지는 현실이 과거나 지금이나 거의 마찬가지인 것이다. 여기서 사람들은 급격한 '빨갱이' 공산혁명을 꿈꾸기도 하지만 대부분 용꿈이 아니라 개꿈으로 끝났다. 그래서 힘들기는 하지만 천천히 변화를 추구하는 사회민주주의와 복지국가라는 길을 가게 된 것이다. 그러나 못 가진 자들로서는 그러한 변화마저 꿈꾸기조차 어렵다. 그래서 언제나 그런 꿈을 꾸는 자들을 '빨갱이'라고 매도했다. 공산주의나 사회주의는 물론 사회민주주의나 복지국가를 추구하는 사람조차 '빨갱이'라고 욕하고, 심지어 감옥에 처넣기도 했다.

그러니 자본주의의 최고 극성기라고 하는 19세기 영국에서 엄청난 재산을 소유한 재벌 딸이 사회민주주의자가 되어 복지국가를 이룩하려고 했다니 참으로 기이한 일이었다. 그것도 아름다운 소설이나 시가 아니라, 중졸 공무원이 쓴 사회민주주의에 대한 논문을 읽고서 그 남자에게 반한 것이었다. 여기서 우리는 몇 가지 놀라운 점을 발견한다. 우선 중졸 공무원이 사회주의에 대한 글을 발표했다는 점이다. 대한민국에서 있을 수 있는 일일까. 그러나 지금은 물론이고 100년도 훨씬 전에 직업공무원제도가 확립된 시점의 영국에서는 그것이 가능했다.

또 그런 사람의 사회주의 논문을 누구나 읽고 공감하면 그와 친구가 되거나 연인이 될 수도 있었다. 신부는 중학교커녕 학교 문 앞에도 가본 적이 없었지만, 신랑이 결혼 전에 몇 편의 경제학 논문을 발표했으니 그의 논문을 충분히 읽고 평가할 수 있었다. 부잣집 딸답게 가정교사 등을 통해 훌륭한 교육을 받았기 때문에 가능한 일이었지만, 그런 집 자녀들이 더 똑똑한 선생의 교육을 받아도 사회민주주의자가 되는 경우란 정말 드물었다. 그러니 남자보다 여자가 더 특이했다. 부잣집 아이보다는 가난한 집 아이가 사회주의자가 되기 쉬웠겠지만 그것도 예외적이었다. 도리어 가난이 서러워 출세만을 밝히는 아이들도 얼마든지 많았다. 그래서 부를 맛본 그들이 사회주의나 사회민주주의를 택하기란 그야말로 낙타가 바늘구멍에 들어가기보다 더 어려운 일이었다.

그래서 1년 전 그들이 약혼을 했을 때 여자는 병석에 누워 있는 대자본가 아버지에게 남들이 '빨갱이'라고 욕하는 사회민주주의자와 결혼한다는 소식을 알리지도 못했고, 아버지가 죽고 6개월 뒤에야 겨우 결혼식을 올릴 수 있었다. 그녀가 어린 시절부터 스승으로 삼아온 사람들을 비롯하여 그녀가 알던 거의 모든 사람들의 반대를 무릅쓴 결혼이었다. 그럼에도 함께 노동조합의 기록 조사를 위한 신혼여행을 시작으로 일부러 자신들의 아이를 낳지도 않고 오로지 50년을 변함없이 함께, 부부의 공동사업인 사회민주주의와 복지국가를 낳기 위해 치열하게 살다가 죽은 그들은, 영국의 몇몇 대표적인 위인들만이 묻히는 웨스트민스터 사원에 함께 묻혔다.

부부가 함께, 그것도 사회민주주의자인 부부가 함께 묻힌 것은 이 사원이 생긴 이래 처음 있는 일이었다. 그것은 20세기 영국이 사회민주주의를 추구하는 복지국가임을 보여준 역사적 사건이었다. 그러나 생존 중 그들은 항상 '빨갱이' 소수파였다. 그들이 죽은 뒤 지금까지도 그들이 다수파인 시기는 그리 길지 않았으나, 그들의 생명력은 여전히 강인하게 이어지고 있다.

이런 이야기에 대해, '그래, 영국이니까 그 정도라도 가능했지, 우리 같으면 턱도 없지. 남의 나라 이야기에 불과하지. 그러니 더 들을 것도 없지'라고 하지는 말자. 지금 이 땅의 보수 아닌 보수, 저 야만의 보수라는 자들이 설치는 권력국가의 현실만큼 척박하고 야만적이었던 19세기 영국에서, 그들은 복지국가를 향한 사회민주주의를 위해, 사회민주주의자로 살았다. 물론 그들은 우리처럼 개같이 잡혀가 고문을 당하거나 심지어 사형을 당하지는 않았지만 사회적으로 인정받지 못한 것은 마찬가지였다. 그래도 그들은 머리나 입으로만 사회민주주의를 한 것이 아니라, 온몸으로, 평생의 삶으로, 나날의 생활로 사회민주주의를 실천했다. 그들의 그런 삶은 주변 사람들에게도 옮겨가서 마침내 사회민주주의가 영국 땅에, 나아가 세계(아마도 한반도를 제외하고는) 방방곡곡에 뿌리내리게 했다. 극단적인 자본주의나 사회주의를 하는 것보다 그 화합의 결혼이자 그 극복의 중용인 사회민주주의를 하는 것이 더 어렵다는 것을 한반도가 증명한다. 그 결혼을 못해 우리는 지금도 고통스럽다. 그런 부부가 없어서 우리는 지금도 분단되어 있다.

그들 부부는 어떻게 사회민주주의와 복지국가를 낳았는가. 그들은 거의 매일 하루 한 번꼴로 두 사람 이상이 모이는 곳이면 언제 어디서나 사회민주주의와 복지국가에 대해 무료로 연설을 하고, '빨갱이'라는 이유로 항상 위험에 처해서가 아니라 오로지 그들이 스스로 모인 사회민주주의 단체를 위해, 자신들의 이름을 넣지도 않은 글들을 수없이 쓰고 지우고 다시 썼다. 그것도 아무런 대가 없이 무료로 쓰고 자신들이 번 돈으로 책을 만들어 아주

헐값으로 팔았다. 그렇게 그들은, 최소한 사회민주주의와 복지국가가 위험한 '빨갱이' 짓이 아니라는 것을, 그 핵심인 노동조합이나 협동조합이나 사회보험이 불온한 '빨갱이' 짓이 아니라 도리어 경제발전에 반드시, 꼭 필요하다는 것을, 가난이 개인 탓만이 아니라 복지정책으로 해결되어야 하는 사회구조적인 문제라는 것을, 우리는 혼자가 아니라 함께 살아야 한다는 것을 평생을 두고 사람들에게 말과 글로 설득했다. 그런 치열한 노력 없이, 책 같은 걸 거의 읽지 않고 오로지 물질만을 탐하는 현실을 개탄하는 것으로 세월을 죽여온 나같이 머리로만 진보인 척하는 골샌님으로서는 도저히 상상할 수도 없는 어려운 일이었다.

특히 그들은 민중이니 인민이니, 사회주의니 사회주의 정당이니, 유물론이니 계급투쟁이니 하는 실체 없는 환상에 매달리지 않고, 그것들이 분명한 실체를 갖는 개개인이나 사회적 존재가 될 때까지는 소수의 지식인 중심의 시민운동 집단으로, 그리고 노동조합이나 협동조합으로 튼튼하게 뿌리를 내린 뒤에야 그 대표들로 노동당을 만들었다. 이는 지금까지도 노동당이나 그와 유사한 정당을 갖는 나라에서 사회주의 정당이 먼저 만들어지고 그 지도하에 노동조합운동이나 시민운동이 조직되는 것과 반대되는 것이었다. 또한 그것은 섣불리 노동이니 사회주의니 하여 다수의 저항을 불러일으켜 자라기도 전에 고사한 경우와 달리,

그들이 오랜 세월을 두고 치밀하고도 영리하게 조직을 강화한 결과 만들어진 것이었다. 그들이 그 핵심정책인 '생산과 상업 수단의 국유화'라는 말을 당의 강령에 넣은 것도 수십 년이 지난 뒤인 1918년이었고, 그 뒤에도 세상이 변하고 사람들이 그 말에 저항하자 역시 수십 년 만인 1995년에 그들의 후배들은 그 말을 '활기찬 경제와 충실한 복지'라는 말로 바꾸기도 했다. 그리고 다시 2017년인 지금, 즉 100년이 지난 지금, '생산과 상업 수단의 국유화'라는 말은 다시 강조되고 있다. 아니, 말은 바뀌었어도 그 정신은 처음부터 지금까지 변함없이 이어졌다. 중요한 것은 말이 아니라 정신이었다.

그러나 무엇보다 그들은 그들의 사랑만으로도 위대했다. 그것도 계급을 뛰어넘고, 이 세상의 모든 계급을 없애려는 사랑이었기에 더욱 위대했다. 그러나 그것은 그들 개인의 특수한 사랑만은 아니었다. 그 사랑의 배경에는 '부자에게는 빈민에게 손을 내밀 의무가 있다'는 이른바 노블레스 오블리주noblesse oblige라고 하는 전통적 가치관이 놓여 있었다. 그것은 단적으로 역사상 최초의 총력전이었던 제1차 세계대전에서 노동자, 농민 출신 병사의 전사율이 7퍼센트였음에 반해 귀족이나 지주 등 상류계급 출신 병사의 전사율이 25퍼센트였던 것에서 뚜렷이 드러났다. 특히 상류계급은 전시에 반드시 자원입대하여 언제나 돌격의 선두에

섰다.

이는 양반이라는 이유만으로 병역은 물론 납세도 면제받은 우리의 경우와 반대였다. 500년도 더 전에 세워진 우리의 이런 전통은 지금도 그대로 이어지고 있어서 상류층의 입대율은 나머지 계층의 입대율과 비교할 수 없을 정도로 낮고, 납세율도 마찬가지로 낮다. 그렇게 오로지 특권만을 추구한 양반이, 인구의 반 이상을 차지한 노비는 물론 상민에게 손을 내밀었을 리가 없다. 봉건제에서 볼 수 있는 최소한의 상호책무의 정신조차 없었다. 그래서 고구려의 진대법, 고려의 의창이나 상평창, 조선의 사창이나 환곡은 물론 고려 때의 사찰에 의한 빈민 급식조차 임시방편에 불과했고, 불교가 철저히 억압된 조선에서는 그것마저 없어졌다. 철저한 계급주의였던 유교에 사회연대란 존재하지 않았다. 그래서 초등학교 아이들에 대한 무상급식이라는 말을 꺼내면 '빨갱이'라고 매도하는 판이 되었다.

반면 영국의 노블레스 오블리주 전통에서 복지국가가 나왔다. 통치자인 귀족은 선정을 베풀어 백성의 생활을 향상시켜야 한다는 전통에서 나온 나라의 원리가 복지국가인 이상, 보수당토리당이라고 해서 복지국가를 거부할 수 없다. 그러니 정권이 바뀐다고 해도 복지국가라는 목표는 변함이 없다. 다수를 위한 봉사라는 정치의 이념 자체는 변함이 없다. 좌나 우, 진보와 보수, 사회주의니 자본주의니 하는 것이 아니다. 정권이 바뀌면 죽고 살기로 사생결단하는 우리와 다르다. 이것도 조선시대의 사생결단식 당쟁과 무엇이 다른가. 지배계급의 탐욕에서 나오는 골육상쟁이 대다수 국민의 복지를 위한 복지정치로 바뀌지 않으면 희망이 없다.

바로 지금, 그런 우리에게 계급 없는 사랑, 계급을 넘는 연대가 가능할까. 바로 지금, 그런 사랑이 절실하게 필요하지 않은가! 그럼에도 우리 사회는 남북한 대립마냥 온갖 계급 갈등이 너무나 심각하지 않은가. 게다가 그들은 자신들의 깊은 사랑의 결합처럼 노동조합이나 협동조합, 특히 노동당 활동을 통하여 그런 소위 진보적 운동들에 반드시 나타나는 파벌을 이기심의 완벽한 극복을 통하여 철저히 지양했다. 그들은 무엇보다도 추상적 관념에 매몰되지 않고 철저한 조사에 근거했다. 현실에 대한 투철한 인식과 냉철한 판단력, 그리고 그것에 기초한 독창성과 일관성, 나아가 과감한 실천력에 의한 것이었다. 이 점은, 남들이 쓴 책, 그것도 남의 나라 사람들이 쓴 책만 주로 읽을 뿐, 나와 함께 살아가는 빈민과 노동자의 현실을 조사하고 분석하는 일조차 하지 않는 나 같은 서생으로서는 감히 흉내조차 낼 수 없는 일이었다. 이 책 역시 그런 남들의 이야기이기는 마찬가지여서 부끄럽기 짝이 없다.

앞에서 본 사랑 이야기는 바로 사회민주주의와 복지국가를 낳은 웹 부부의 사례다. 비어트리스 웹Beatrice Webb, 1858~1943과 시드니 웹Sidney Webb, 1859~1947은 19세기 후반과 20세기 전반에 각각 85년, 88년을 살았다. 그들이 살았던 당시의 영국이 세계 최고의 선진국이었다고 해도 그 평균수명보다 월등히 오래 산 셈이었다. 특히 어려서부터 병약하고 고독하게 자라 정신적인 분열 증세까지 보인 비어트리스는 어머니에게 자녀 중에서 가장 열등하다는 소리까지 들었다. 그런 그녀는 강인한 체력과 의지의 시드니와 결혼을 했기 때문에 85년이라는 긴 생애에 걸쳐 치열한 저술활동과 사회활동이 가능했다. 마찬가지로 가난한 시드니는 그의 사회활동을 가능하게 한 비어트리스의 지성, 경제적 걱정 없이 사회를 위해 일할 수 있는 최소한의 물적 토대, 그리고 무엇보다 그녀의 희생적인 내조를 필요로 했고, 그녀는 그 모든 것을 완벽하게 발휘했다.

그들의 생애에는 다른 부부의 경우에서 보는 사적인 이야기가 거의 없고 대부분 공적 활동의 이야기뿐이다. 낭만적인 첫 만남이나 프러포즈도 없고 감동적인 부부애의 장면도 없다. 그야말로 멸사봉공의 자세로 살았다. 심지어 그들은 대학 강의를 비롯하여 대부분의 강연을 무료로 하고, 자신들의 모든 저서도 항상 자비로 출판했으며, 경제적 여유가 없는 사람들도 즉시 사볼 수 있도록 제작비보다 더 싼값으로 공급했다. 공적인 강의나 저술로 돈을 버는 것을 그들은 수치로 생각했다. 그리고 그들의 집을 사회민주주의자들의 공적인 토론과 사교의 장으로 완전히 개방했다. 그들에게는 평생 사적인 삶이라고는 없었다. 만년에 시골 생활을 즐긴 정도가 그들의 사생활이었지만 그곳에도 그들이 죽을 때까지 거의 매일 손님들이 찾아왔다. 손님은 노동자에서 장관에 이르기까지 그야말로 모든 계층의 사람들이었다. 나이 63세가 넘어 주변 사람들의 적극적인 요청으로 국회의원과 장관을 지낸 남편이 어쩔 수 없이 작위를 받았지만, 아내는 귀부인lady 따위의 작위명으로 불리길 거부했는데 계급제도를 거부하고 자유와 평등을 존중해서였다.

시드니는 자서전을 쓴 적이 없고, 비어트리스가 쓴 자서전 비슷한 책도 사적인 내용이 아니라 공적인 이야기가 중심이었다. 그런 부부였기에 그들은 사회민주주의와 복지국가의 부모가 될 수 있었다. 한두 줄 구호 같은 것을 외고는 별안간 노동운동가가 되어 노동자들에게 감언이설을 퍼붓다가 일정한 지위에 오르면 반反노동의 선구가 되어 30대에 국회의원이나 장관 자리에 올라 벼락출세를 하는 등, 오로지 관료 출세를 위해 살아가는 자들만이 설치는 관존민비의 나라에서는 상상도 할 수 없는 일이다. 노동운동은 물론 사회운동이나 시민운동도 출세의 수단으로만 악용되는 나라에 희망은 없다.

그들 부부 앞에는 개인의 재산과 선거를 중시하는 자유민주주의의 부모도 있었다. 한국에서는 1948년, 별안간, 재산권과 선거권이, 거의 아무런 노력도 없이 그냥 주어졌다. 그러나 서양에서는 2세기 이상 힘겨운 투쟁을 함으로써 재산에 의해 불평등했던 특별선거권이 아닌 보통선거권이 쟁취되었다. 재산권은 18세기에, 선거권은 19세기에 어렵게 보장되었다. 특히 노동자와 여성의 선거권이 그러했다. 심지어 노동자와 여성은 선거권을 두고 서로 싸웠다. 진보적인 노동자가 보기에 보수적인 여성에게 투표권을 주면 세상을 바꾸기 어렵다고 생각한 탓이었다. 마치 지금 우리나라에서 노인들의 투표에 대해 불만을 갖는 젊은이들이 있는 것처럼. 여하튼 자유민주주의는 1인 1표라고 하는 민주주의의 최저치인 절차적 민주주의 또는 정치적 민주주의의 확보에 불과했다. 그 뒤에 민주주의의 최고치인 실질적 민주주의 또는 사회경제적 민주주의로 도약할 필요가 있었다. 18세기의 재산권, 19세기의 선거권에 이어 20세기의 사회권을 낳기 위한 산고였다. 웹 부부가 바로 그 부모로, 이들은 50년 동안 사회민주주의를 낳고 키웠다. 그런 부부가, 그런 남녀가 지금 이 땅에도 필요하지 않을까.

세상에 쉬운 일이 없지만 민주주의가 특히 그렇다. 아무런 준비도 없이 남에게 덥석 물려받은 우리의 1948년 자유민주주의는 이 책을 쓰는 2017년 대선까지 70년간 시행착오를 거듭하여 이제 겨우 참된 우리의 것이 된 듯하다. 그 직전까지도 우리는 누구의 딸이니, 공주니 하는 자의 지배까지 받았기 때문이다. 정부도 기업도 전근대적인 세습과 독재가 일상화된 왕조식 풍토 속에서 우리는 살아왔기 때문이다. 그것을 단적으로 보여주는 것이 끝없이 왕들과 왕족을 미화하고 그 현대의 후예인 엘리트들의 대가족을 미화하는 텔레비전 드라마이다. 그것들은 심지어 외국에까지 한류라는 이름으로 보급되어 이미 왕조가 끝난 민주주의 국가들에서 왕조나 대가족에 대한 향수를 불러일으키고 있다.

그동안 사회민주주의와 복지국가를 향한 노력이 없었던 것은 아니지만 어쩌면 2017년이 그 참된 시작일지도 모른다. 복지나 노동조합운동이나 사회민주주의가 경제발전에 가장 중대한 장애라고 주장한 여당 후보를 이긴 야당 후보가 대통령이 되었기 때문이다. 앞으로도 많은 시행착오가 있겠지만 반드시 이룩해야 할 우리의 과제는 사회민주주의와 복지국가다. 무엇보다도 노동운동이 불온한 '빨갱이' 짓이 아니고, 가난이 개인 탓이 아니라는 점을 국민적 합의로 도출해낼 필요가 있다. 부는 근면과 절약의 보상이고 빈곤은 게으름과 무절제의 결과이니 빈민에게는 근면과 절약을 강조하는 것 외에 다른 방법이 없고, 그 다른 방법이란 모두 '빨갱이' 짓으로 나라를 망치는 것이라는 주장을 물리칠 필요가 있다. 도리어 노동자 빈민과 함께 살아야 경제도 발전하고 나라가 안정된다는 것을 모든 국민이 인정할 필요가 있다. 이는 1세기도 더 전인 19세기 말 영국에서 이미 확보된 진실인데도 우리는 여전히 그 반대를 진실이라고 주장하는 자들의 억지소리를 듣고 살아야 했다. 나아가 의회민주주의, 지방자치주의, 도시사회주의와 교육사회주의가 영국에서 이러한 사회민주주의와 함께 달성되었음을 우리는 주목해야 한다.

그러나 이러한 사회민주주의는 정치민주주의 없이 이룩될 수 있는 것이 아니다. 정치민주주의 없는 사회민주주의는 있을 수 없다. 민주주의를 부정하는 사회주의는 있을 수 없다. 그런 점에서 나는 북한은 물론 중국이나 러시아도 거부한다. 민주주의 없는 사회주의 북한이나 과거의 중국이나 러시아는 물론, 민주주의 없는 국가자본주의인 지금의 중국이나 러시아도 거부한다. 동시에 북한이 그런 중국이나 러시아로 변하는 것도 거부한다. 북한도 남한도 함께 사회민주주의를 해서 복지국가로 서로 가까워져야만 통일이 가능하다. 그 밖에 통일의 길은 없다. 흔히 독일처럼 통일은 한순간에 올 수 있다고들 하지만, 동서독은 사회민주주의와 복지국가라는 통일을 위한 공통기반을 닦았기에 통일이 가능했다. 그 뿌리는 사실 19세기 말부터 형성된 사회정책에 의한 복지국가에 있었다.

영국의 웹 부부를 아는 것이 그러한 과제의 해결에 작은 도움이 될지도 모른다는 생각에서 이 책을 쓴다. 최소한 계급을 뛰어넘는 사랑이 이 천박한 물질주의 결혼 풍토를 개선하는 계기가 되기를 바란다. 제 자식이 아니라 사회민주주의 같은 이념의 자식을 낳기 위해 반세기 결혼생활을 온전히 바치는 부부가 나오기를 바라며 이 책을 쓴다. 권력이나 재산이나 명예가 아니라 젊은 시절의 순수한 이상을 평생 구현하기 위해 노력하는 부부가 나오기를 바란다.

이 책은 웹 부부에 대한 한국어 논저가 거의 없기 때문에 쓰는 것이다. 유일한 소개서는 마가렛 콜이 쓴 『비아트리스 웹의 생애와 사상』1993의 번역이 있을 뿐인데, 이는 제목처럼 웹 부부에 대한 책이 아니라 비어트리스 웹에 대한 책이다. 게다가 그 책은 영국인이 영국인을 위해 1945년에 낸 책이어서 지금 우리가 읽기에 여러 가지로 문제가 많다. 특히 지금 우리가 굳이 상세히 알 필요가 없는 이야기도 많고, 반면 꼭 알아야 할 이야기인데도 소홀히 다루어진 부분도 많다. 웹 부부의 삶과 생각이 아무리 훌륭하다고 해도 문제점은 있다. 특히 영국의 제국주의 침략의 시대에 살았던 사람들이기에 엄중하게 비판해야 할 점이 적지 않다. 따라서 지금 우리의 상황에 맞는 새로운 한글 논저가 필요하다고 생각해 이 책을 썼다. 웹 부부에 대한 최초의 한글 논저인 이 책을 계기로 사회민주주의와 복지국가에 대한 논의가 더욱 적극적으로 전개되기를 바란다.

개인적인 일이어서 말하기 부끄럽지만, 2018년 2월 말에 정년을 하면서 이 책을 내게 되어 감개무량하다. 1961년, 초등학교 4학년 때 아버지가 교원노조 사건으로 구속되면서 노동에 대한 관심을 가진 지 57년 만이다. 그 10년 뒤인 1971년부터 법학을 공부하고, 1975년부터 대학원에서 노동법을 연구하고 강의한 지도 어언 40년이 넘었다. 내가 처음으로 낸 책은 1985년 니콜라스 발티코스의 『세계의 최저노동기준』을 번역한 것이었고, 최초로 진행한 연구는 30대 몇 년간 노동조합의 단체협약을 분석하는 작업이었으며, 기존의 교과서와 다른 진보적인 노동법 교과서와 사회보장법 교과서를 1992년부터 내기도 했다.

그러나 내가 평생 공부하고 일한 법학부에서 나는 항상 외로웠다. 대부분의 법학도는 고시공부에 열중하고 그들을 가르치는 교수의 강의나 논저는 고시공부를 위한 것이었다. 어릴 적부터 사회현실은 물론 법현실로부터도 유리된 그들이 법조인이나 기업인이 되면 당연히 보수적일 수밖에 없었다. 1999년 법학전문대학원이 생긴 뒤에도 그곳에 가기 싫어 교양학부로 옮겼지만 노동법과 사회보장법에 대한 관심을 버린 적은 없고, 죽을 때까지도 그럴 것이다.

나는 노동법이나 사회보장법뿐 아니라 노동자들이 읽고 싶어 하는 여러 책들을 썼지만 이렇게 생전 처음으로 부부에 대한 책을 쓰게 된 점도 감개무량하다. 특히 수업시간 등에서 계급을 뛰어넘은 사랑을 강조하면서 그 보기로 즐겨 들었던 웹 부부의 이야기를 쓰게 되어 더욱 그렇다. 인류 역사에 위대한 사상이나 명저, 그리고 유명한 사랑 이야기가 많지만, 나는 계급 차이를 넘어 실질적인 자유와 평등을 이룩하려고 평생 노력한 웹 부부의 사상, 그들의 책, 그리고 그들의 사랑이야말로 가장 위대한 것이 아닌가 생각한다. 그래서 정년퇴직을 하면서 그들의 『산업민주주의』를 번역함과 동시에 그들에 대한 책을 내게 되었다.

마지막으로 웹 부부에 비할 바 못 되지만 그들처럼 사회민주주의자에 공감하면서 근 반세기를 함께 지내온 아내에게 진심으로 감사하며 이 책을 처음으로 아내에게 바친다. 보잘것없는 생애지만 그나마 아내의 도움이 없었다면 불가능했다는 점에서 진심으로 감사한다. 아울러 세상을 바꾸고자 노력하는 모든 사람들, 그리고 이 책을 내준 아카넷과 대우재단에 감사한다.

2017년 12월

박홍규

차례

2부 복지국가에 대한 웹 부부의 생각

약어 설명

이 책에서 여러 번 인용되는 문헌은 아래와 같은 약어로 표기하고 그 뒤에 쪽수를 표기한다.

고세훈 — 고세훈, 『영국노동당사』, 나남출판, 1999.

도제 — 비어트리스 웹, 조애리 · 윤교찬 옮김, 『나의 도제시절』, 한길사, 2008. 이 책의 원저 *My Apprentice*를 인용하는 경우에는 *Apprentice*라는 약어를 사용하지만, 그런 경우는 번역본에 생략된 부록을 인용하는 경우에 한정한다.

산업 — 시드니 웹 · 비어트리스 웹, 박홍규 옮김, 『산업민주주의』, 아카넷, 2017.

쇼 — 헤스케드 피어슨, 김지연 옮김, 『버나드 쇼 — 지성의 연대기』, 뗀데데로, 2016.

우드 — 알렌 우드, 신일철 옮김, 『현대의 증인 — B. 러셀』, 신구문화사, 1963.

운동사 — 시드니 웹 · 비어트리스 웹, 김금수 옮김, 『영국노동조합운동사』, 형성사, 1990. 이 책의 원저 *History of Trade Unionism*을 인용하는 경우에는 *Unionism*이라는 약어를 사용하고 본문에서 이 책을 거론하는 경우에는 『노동조합운동의 역사』라고 표기한다.

콜 — 마가렛 콜, 박광준 옮김, 『비아트리스 웹의 생애와 사상』, 대학출판사, 1993.

클리프 — 토니 클리프 · 도니 글룩스타인, 최규진 옮김, 『마르크스주의와 노동조합투쟁』, 풀무질, 1995.

페이비언 — 조지 버나드 쇼, 고세훈 옮김, 『페이비언 사회주의』, 아카넷, 2006.

펠링 — 헨리 펠링, 박홍규 옮김, 『영국 노동운동의 역사』, 영남대학교출판부, 1992.

Beveridge — *Beatrice Webb's Diaries, 1912~1924*, edited by Margarett L. Cole, 1952, Lord Beveridge's Introduction.

Constitution — Sidney and Beatrice Webb, *A Constitution for the Socialist Commonwealth of Great Britain*, Cambridge University Press, 1975.

Hobsbawm — E. J. Hobsbawm, *Labouring Men*, Weidenfeld & Nicolson, 1964.

Laski — Harold Laski, *The Decline of Liberalism*, L. T. Hobhouse Memorial Lectures, No. 10, Oxford University Press, 1940.

Lenin — V. I. Lenin, *What is to be Done?*, Selected Works, Vol. 2, Foreign Languages Publishing House, 1952.

London — Sidney Webb, *The London Programme*, Wenworth Press, 2016.

Partnership — Beatrice Webb, *Our Partnership*, Cambridge University Press, 1975.

Socialism — Sidney Webb, *Socialism in England*, S. Sonnenschein & Company, 1893.

Tract, No. 1 — Fabian Tract, No. 1, Why are the Many Poor?, Fabian Society.

Tract, No. 69 — Fabian Tract, No. 69, The Difficulties of Individualism, Fabian Society.

Tract, No. 70 — Fabian Tract, No. 70, Report on Fabian Policy, Fabian Society.

1

복지국가를 낳은 웹 부부의 삶

1 웹 부부의 사회민주주의

누가 비어트리스를 아는가

우리가 아는 영국 여자가 몇 명일까? 엘리자베스 여왕? 그리고 마거릿 대처Margaret Thatcher, 1925~2013? 대처는 복지국가를 사회주의라고 욕한 것으로도 유명했다. 그런 말이 옛날부터 복지국가나 사회주의를 용납해온 영국이나 유럽에서는 큰 울림을 가져오지 않지만, 한국에서는 사회주의는 물론 복지국가를 주장해도 '빨갱이'라는 식으로 와전될 수도 있기 때문에 엄청난 울림, 고막까지 찢는 파괴력을 초래한다. 대처가 그렇게도 싫어해 파괴하고자 한 복지국가를 처음으로 주장한 사람은 또 한 사람의 영국 여성 비어트리스 웹과 그녀의 남편 시드니 웹이었다. 영국의 역사가 에릭 홉스봄Eric Hobsbawm, 1917~2012은 20세기 초 '신여성'의 대표로 독일의 로자 룩셈부르크Rosa Luxemburg, 1871~1919, 프랑스의 마리 퀴리Marie Curie, 1867~1934와 함께 비어트리스 웹을 꼽았다.

그러나 지금 웹 부부를 아는 한국인은 그리 많지 않은 듯하다. 비어트리스 웹이하 비어트리스라고 함의 『나의 도제시절*My Apprenticeship*』1926이 2008년에 번역되어 나왔지만 그렇게 많은 사람들이 읽은 것 같지는 않다. 내가 웹 부부의 『산업민주주의』를 번역하면서 최근 몇 년간 만난 교수나 학생, 기자나 출판인 등도 대부분 웹 부부를 몰랐다. 산업민주주의에 대해서도 몰랐다. 최근 산업민주주의라는 타이틀로 나온 책들에는 그 말에 대한 설명이 거의 없이 서양 여러 나라들을 통틀어 그렇게 부르는 것 같은데, 그런 것이 서양의 상식인 것은 분명해도 최소한 한국의 상식은 아니다. 우리가 서양을 따라 살기 시작한 지 100년이 훨씬 넘었는데 아직까지도 서로의 상식이 많이 다르다는 것을 실감나게 하는 일이 한두 가지가 아니지만, 특히 이런 문제가 그렇다는 생각이 들 정도였다.

내가 사람들에게 『나의 도제시절』을 쓴 비어트리스에 대해 조금 말하자 '그녀는 어떤 장인 밑에서 도제 훈련을 받은 노동자인가?'라고 묻는 사회주의자도 있었다. '노동자로 도제 훈련을 받은 적은 없고 철도회사 사장의 딸로 태어나서 사회주의자가 되는 34세까지의 생애를 적은 책'이라고 내가 답하자 '19세기 영국의 부잣집 좌파가 노동자처럼 도제 운운하는 것이 오늘의 강남좌파처럼 웃기다'고 말하면서, '교수인 당신도 같은 부류여서 그런 여자의 케케묵은 책을 번역하는 것이 아니냐'고 되묻는 사람도 있었다. 내가 그에게 '평생 노동한 적도 없이 책만 읽고 글이나 쓴 마르크스나 회사 사장이었던 엥겔스도 강남좌파로 웃기는 자들인가' 하고 되물었더니 그는 어이없다는 식의 표정을 지으며 '어떻게 웹을 마르크스나 엥겔스에 비교할 수 있느냐'고 혀를 찼다. 심지어 그들은, 영국인인 웹 부부는 도대체 사회주의자일 수 없다고 생각하는 듯했다. 그래서 내가 '마르크스나 엥겔스도 반평생을 영국에서 살았지 않느냐'라고 반문하자 '아무리 그래도 그들은 독일 사람'이라고 했다. 도대체 영국인이든 독일인이든 러시아인이든 사회주의자가 되는 데 무슨 상관이란 말인가!

나는 독일 태생인 카를 마르크스Karl Marx, 1818~1883나 프리드리히 엥겔스Friedrich Engels, 1820~1895도 훌륭한 사람들이지만 영국인 웹 부부도 훌륭하다고 생각한다. 그리고 그 훌륭함에 무슨 차이가 있다고 생각하지도 않는다. 나에게는 마르크스나 엥겔스가 사회주의자가 되는 과정도 감동적이지만 웹 부부의 그런 과정도 마찬가지로 감동적이다. 특히 비어트리스는 강남좌파와는 비교할 수 없을 정도로 부유한 집안 출신이었다. 그녀가 태어나 자란 집은 훗날 종합병원으로 사용되었을 정도로 거대했고, 그 집 말고도 그 정도 규모의 집이 여러 곳에 몇 채나 더 있었다. 그 집에는 서재와 별도로 도서실, 당구실, 끽연실까지 있었다. 그런 집안에서 태어났으면서도 사회주의자가 되었다는 것은 영국뿐 아니라 세상 어디에서도 보기 드문 일이다.

사회주의자라는 말도 우리나라에서는 이상하게 사용된다. 강남에 살면 사회주의자일 수 없다는 식의 특권주의적 시각도 있지만 사회주의자란 모두 '종북 빨갱이'라는 식의 특권주의적 시각도 있다. 이런 시각을 가진 이들은 각각 전혀 다른 종류이지만 모두 특권주의적 시각이라는 점에서 공통된다. 웹 부부는 자신들을 사회주의자라고 부르지만 우리식의 특권주의적 시각 때문에 고통을 받거나 자기검열로 고민하지는 않았다. 웹 부부는 복지국가 사상의 최초 선구자나 협동조합 사상의 선구자, 또는 노동조합 이론의 선구자나 산업민주주의 이론의 선구자 등으로 불리고 그 밖에도 많은 별명이 있지만, 무엇보다도 사회민주주의자다. 웹 부부의 사상에 공명하는 사람은 한국에도 많은데 나는 그들도 사회민주주의자라고 본다. 그들이 강남에 살든 어디에 살든 말이다. 자신을 사회민주주의자라고 부르는 사람이라면 누구나 그렇게 부르게 하라. 반대로 누군가를 그렇게 불러 고통을 주려는 자들에게는 누구나 그렇게 부르지 말도록 하라.

『나의 도제시절』에서 가장 감동적인 장면은 재벌 딸인 비어트리스가 '착취 체제sweating system'를 연구하기 위해 실제로 이름을 바꿔 노동자 생활을 한 것이었다. 비어트리스는 이를 '거짓 없는 사기극'(도제205)이라고 불렀다. 우리나라에서 한때 유행한 '위장 취업'의 선구자인 셈이다. 그 연구를 통해 그녀는 자유방임의 자본주의는 필연적으로 빈부격차를 결과하므로 완전경쟁의 통제와 노동자의 권리보호가 반드시 필요하다는 결론을 내렸다. 이런 주장은 지금 적어도 영국을 비롯한 유럽에서는 상식적인 것이지만 우리나라를 비롯해 여전히 그런 주장을 '종북좌파'니 뭐니 하는 자들의 것이라고 오해하는 사람들이 많다. 19세기 말 유럽에도 그런 자들이 많았다. 비어트리스는 그런 신화를 깨트린 것이었다. 그런 점만으로도 그녀의 삶은 내게 너무나 소중하다.

『나의 도제시절』은 청춘의 책이지만 청춘 같은 이야기는 전혀 없는 점도 우리의 상식과 어긋날지 모른다. 영국인의 책이라고 해서 다 그런 것은 아니지만 소녀적인 감상이 철저히 배제된 이성 중심의 냉정이나 침착, 그러면서도 학문이나 사회에 대한 열정이 멋진 조화를 이루는 젊은 여성의 초상인 점에서 매우 특이하고도 훌륭한 자서전의 하나라고 생각한다. 제인 오스틴이 막장 결혼 소설을 쓴 19세기 말에 그런 여성이 있었다는 것만으로도 다행이라고 생각할 정도다. 그런 오스틴의 환상적인 소설이나 영화가 아직도 세계를 유혹하고, 특히 한국을 유혹하는 지금,

비어트리스의 현실 감각과 경험에 입각한 사회주의 이야기는 얼마나 감동적인가!

웹 부부와의 인연

영국이 자랑하는 『브리태니커』에 의하면 웹 부부는 "영국의 사회주의 경제학자. 페이비언협회의 창립 회원으로 런던정치경제대학교를 공동으로 설립했다. 시드니 웹은 런던대학교를 교육기관의 연합체로 재조직하는 일에 참여했으며, 노동당원으로 정부에 봉사했다. 탁월한 역사가일 뿐만 아니라 사회경제 개혁의 선구자인 웹 부부는 영국의 사회사상과 제도에 깊은 영향을 미쳤다"고 요약된다. 이러한 요약과 마찬가지로 이 책의 1부는 웹 부부의 성장, 페이비언협회, 런던대학교, 노동당을 중심으로 하고 그러한 부부의 공동사업에 이르기까지 두 사람의 성장에 대해 살펴본다. 이어 2부에서는 그들의 생각을 몇 가지 중요 개념을 중심으로 살펴보고 웹 부부에 대한 평가를 검토한 뒤 웹 부부와 한국에 대한 이야기로 맺고자 한다.

이러한 고찰을 통하여 내가 이 책에서 강조하고자 하는 점은 종래 웹 부부를 노동자의 계급적 이해관계를 경시한 체제주의자 내지 경제주의자로 보아온 마르크스주의적 시각에 대한 교정이다. 그들은 노동조합을 경제발전의 장애물이자 산업효율화의 적이라고 본 19세기 영국 지배계급에 대항하여, 노동조합이 노동자의 이익을 확보하면서 경제를 발전시키고 산업효율을 높인다고 주장했다. 이러한 주장은 노동조합이 노동자계급의 직접적인 경제적 이익만을 추구한다는 주장을 넘어섰다. 나아가 그들은 노동조합운동을 소비조합이나 협동조합, 그리고 도시개혁이나 대학개혁 등의 전반적인 사회개혁운동 속에서 이루어진다고 본 점에서도 경제주의를 넘어섰다. 더 나아가 그들을 오로지 국가권력에 의한 사회주의 실현을 도모했다는 식의 천박한 국가주의자나 국가사회주의자로 보는 견해에 대해서도 나는 반대한다. 그들은 어디까지나 개인의 자유를 중시했고, 그런 자유로운 개인들이 자치하는 사회를 만들고자 했으며, 20세기 초엽의 사람들로서는 보기 드물게 공해에 반대하고 자연을 중시했다. 그런 점에서 나는 내가 평소 주장한바, 즉 자유로운 개인들이 아름다운 자연 속에서 평등하게 자치하는 사회를 이들 부부가 추구해왔다고 생각한다.

특히 내가 웹 부부를 재조명하고자 하는 이유는 19세기 영국에서 전개된 웹 부부 수준의 노동조합운동을 포함한 사회개혁운동이 지금 이 땅에서 이루어지지 못하고 임금투쟁 같은 이익투쟁만이 있다고 생각되기 때문이다. 우리의 노동조합운동의 전통도 민족운동과 함께 시작되었고 최근의 전교조운동이 교육개혁운동으로 나타났듯이 노동운동은 시민운동과 연관되지 않을 수 없었다. 그러나 전교조 합법화 이후 전교조가 소시민적 이익투쟁으로 변질되었듯이 노동운동 역시 변질되어왔다. 게다가 노동조합 조직률이 10퍼센트에도 미치지 못하는 현실에서 낭만적이고 비현실적인 반체제혁명의 선봉으로 노동조합운동을 오해하는 경향이 있기 때문이다.

지금 우리에게 참으로 필요한 것은 전반적 사회개혁운동과 함께 전개되는 노동조합운동이다. 민주화, 교육개혁, 도시개혁, 공해반대, 생태보존, 반전평화 등 시민운동과 노동운동이 연대하면서 사회변화를 주도할 필요가 있다. 노동운동만을 좁게 외골수로 계급투쟁의 수단으로 파기보다 다른 사회운동이나 시민운동과 함께 폭넓고 유연하게 사회변화의 동반자로 보아야 한다. 그래서 시민들의 지지를 얻어야 한다. 더욱이 우리의 현실은 남북 분단이라는 위기 상황이 아닌가. 사회주의는 언제나 종북이라는 비난을 받을 수밖에 없지 않은가. 그러니 그런 비난을 피하면서 사회민주주의를 정착시킬 지혜가 필요하지 않은가. 게다가 그 길이야말로 남쪽은 물론 북쪽도 앞으로 걸어가야 할 유일한 길이 아닌가. 그래서 자연스럽게 통일할 수 있는, 아니 적어도 통합을 위해 서로 노력할 수 있는 최소한의 전제조건이 가능해지는 것이 아닌가.

이러한 취지에서 쓰는 이 책이 웹 부부에 대한 국내 최초의 논저이지만 그들에 대한 관심은 오래전부터 있었다. 그들의 저서는 대부분 일제강점기 초기부터 일본어로 소개되었고 일본에서의 연구는 대단히 적극적으로 이루어졌다. 당시 한국인 중에도 그들의 책이나 그들에 대한 글을 읽은 사람들이 많았을 것이다. 해방 직후에는 그들의 책이 해럴드 라스키Harold Laski, 1893~1950와 같은 노동당 이론가의 책들과 함께 한글로 소개되었다. 이는 당시 남북한을 점령한 미 · 소의 정치노선과 달리 영국을 비롯한 유럽의 사회민주주의에 대한 관심이 높았음을 보여주었지만 1950년의 6 · 25전쟁에 의해 그것은 하룻밤 꿈으로 끝났다. 그 후 그들에 대한 관심은 거의 사라졌다. 그러고 나서 지금까지 이 땅은 근본주의적인 천민공산주의와 천민자본주의의 대립으로 점철되어왔다.

내가 웹 부부의 이름을 처음 안 것은 중학생 때 다락방에서 그들이 쓴 소련에 대한 책을 읽고서였다. 해방 직후에 나온 책을 아버지가 사서 읽었던 것인데, 그 책은 나로 하여금 1970년대 초부터 노동법을 공부하게 만들었다. 그후 『노동조합운동의 역사』와 『산업민주주의』의 영어 원서를 어렵게 구해서 읽었는데 몇 쪽을 못 읽고서 그만두기를 여러 차례 반복했다. 『영국노동조합운동사』는 1988년 김금수의 번역이 나와 노동법 수업시간이나 노동

관계 강연에서 반드시 읽도록 추천했고 『산업민주주의』의 내용도 항상 소개했다.

『영국노동조합운동사』가 1920년까지만 다루기 때문에 최근까지를 다룬 헨리 펠링Henry Pelling, 1920~1997의 『영국 노동운동의 역사』를 1992년에 번역한 것을 비롯하여 영국 노동당의 정치이론가 라스키에 대한 글을 썼다. 그 뒤에는 윌리엄 모리스William Morris, 1834~1896나 조지 오웰George Orwell, 1903~1950에 흥미를 가지고 저술이나 번역을 했는데, 그런 맥락의 영국사상사에 관심을 가진 이유는 자본주의도 공산주의도 아닌 제3의 길에 끌린 탓이었다. 웹 부부는 모리스나 오웰과는 여러 가지로 다르지만 나에게는 넓은 의미에서 제3의 길을 간 사람들이었다. 그들 중 어느 쪽이 옳다는 식의 주장은 반드시 필요한 것이 아니다. 도리어 사회민주주의 내의 다양한 주장이라고 보는 것이 옳다. 앞으로 우리의 사회민주주의가 모색되는 경우에도 다양한 의견의 개진은 당연히 존중되어야 한다.

개인주의 비판

19세기 후반을 살았던 웹 부부가 사회민주주의자가 된 가장 근본적인 이유는 당대 사회가 개인주의에 젖어 있었기 때문이다. 그들은 개인주의 비판이라는 입장에서 부르주아 사회를 비판하면서 단순히 경제적 차원의 개량에 그치지 않고 그 문명적이고 정신적인 비판과 변혁까지 추구했다. 이에 따라 그들은 "사회적이고 애타적인 동기가 이기적이고 개인적인 동기를 이기는 새로운 도덕 세계의 비전"을 제기했다. 나아가 웹 부부의 사회정책은 인간의 근본적 동기인 도덕성에 대한 신뢰, 그리고 윤리적이고 정신적이며 미적인 가치관에 기초했다.

웹 부부의 개인주의 비판은 모리스를 연상시킬 정도로 치열했다. 즉 개인주의 문명이 인간성의 본질을 저해하고 타락시킨다고 보았다. 개인주의는 무질서한 약육강식을 초래하고, 그것은 한편으로는 실업과 빈곤의 축적, 다른 한편으로는 막대한 부의 축적을 초래했다. 즉 임금노예제와 부르주아 지배였다. 시드니는『페이비언 사회주의』에서 다음과 같이 말했다.

> 생산수단의 무제한적 사적 소유를 동반하는 완전한 개인의 자유는 공공의 복리와 화해할 수 없다는 교훈을 피해갈 수 있는 것이 아니다. 우리들 사이의 자유로운 생존경쟁은 건강하고 항구적인 사회유기체로서 우리가 존립하는 것을 위협한다. 토머스 헉슬리 교수가 선언했듯이, 진화란 맹목적인 무정부주의적 경쟁을 각 유기체 단위들에 대한 의도적인 통제와 조정으로 대체하는 것이다(페이비언171).

영국의 노동문제가 심각한 이유는 이러한 경쟁사회의 무질서에 있다고 웹 부부는 생각했다. 그들은 자본주의 체제를 본질적으로 낭비의 시스템이라고 보았다. 그러한 비합리적이고 비효율적인 구조는 엄청난 부패를 초래한다. 나아가 자본주의 문명에 의한 이러한 공동사회의 분열과 노동자계급의 육체적이고 정신적인 황폐화는 국제사회에서 영국의 지위에도 악영향을 미친다. 그래서 제1차 세계대전 후 그들은 자본주의 문명을 본질적으로 국내외 전쟁을 낳는 시스템이라고 비판했다.

그러나 그들이 가장 비판적으로 본 것은 정신적이고 도덕적인 퇴화였다. 즉 존 러스킨John Ruskin, 1819~1900처럼 자본주의 문명을 탐욕과 낭비와 퇴폐의 문명으로 보았다. 자본주의에서는 부자도 빈민도 정신적 빈곤화를 면할 수 없고 인간이자 시민인 대신 단순한 '도구'가 된다. 나아가 일상생활은 타인의 목적에 대한 수단으로 취급된다. 이러한 자본주의 체제의 여러 결과 중 가장 파괴적인 것은 '생산자 본능'의 파괴이고 이는 민중의 대부분에게 미치고 있다. 또한 웹 부부는 자본주의에 의한 애향심과 공동체 의식의 소멸을 규탄했다.

공공서비스의 정신

웹 부부의 정신은 공공의 정신이었다. 그것이 그들의 출발점이었다. 자본주의 정신 대신 공공의 정신이 필요하고, 사적인 부의 축적이라는 동기 대신 공공서비스라는 동기가 필요하며, 그것에 의해 비로소 사회민주주의가 가능하다고 했다. 사회의 합리적 재조직화, 공공복지의 제도화, 각자의 공공정책에 대한 보편적 참여, 즉 사회환경의 전반적 변화는 인간의 정신, 성격, 동기에 영향을 받는다고 보았다.

웹 부부는 3세기 전부터 서양 사회를 지배하게 된 부도덕한 금전만능의 자본주의를 거부했다. 따라서 새로운 사회주의는 영리와 무관한 공적 서비스에 대해 주어지는 사회적 승인과 공공적 명예가 사람들의 삶에 동기를 부여하고 행동의 원칙이 되어야 한다고 주장했다. 이러한 공공서비스 정신이야말로 웹이 꿈꾼 사회주의 사회의 결정적 요소였다.

사회주의 사회에서 직업윤리는 영리의 추구가 아니라, 각자의 공적 책임감을 증대시키고 공적 업무에 종사하고 공공서비스를 수행하는 즐거움이 되어야 한다고 그들은 보았다. 특히 전문직에 종사하는 자들의 공적 책임감과 직업적 자부심을 공동사회에 보급해야 한다고 주장했다. 그러한 사회봉사 정신은 자연스럽게 성장하는 것이 아니므로, 사회의 각 기관, 각 차원의 민주제는 그 구성원의 공공정신 함양에 노력해야 한다. 이를 웹 부부는 소유에 의한 삶을 부끄러워하는 도덕혁명이라고 불렀다. 즉 개인적 목적을 공공선에 종속시키는 것이었다.

이러한 공공정신으로부터 복지국가가 가능했다. 즉 질서와 안전의 유지를 존재이유로 하는 국가로부터 공공복지에 책임을 지고 이를 적극적으로 실현하는 국가가 그들의 이상인 복지국가였다.

점진주의

웹 부부의 이러한 구상은 전체 공동사회의 이익과 복지라는 측면에서 내려졌으나, 그 대안은 혁명이 아니라 점진이라는 것이 그들의 역사연구나 사회조사의 결론이었다. 역사는 끝없는 점진적 진화를 보여주고 있다는 것이었다. 이러한 진화는 1832년 이래 영국 민주주의의 점진적 진보를 말한 것이었다. 특히 "1837년 이래 생활의 모든 부문에서 개인적 지배를 대신하는 집단적 지배의 끝없는 성장에 의해 특징지어지는 진보"였다. 그 진보는 사회화와 민주화의 흐름, 바로 사회민주주의였다(*Partnership* 108). 시드니는 "19세기 경제사는 사회주의의 진보에 대한 거의 중단 없는 기록이다"라고 했다(페이비언129).

따라서 웹 부부는 하나의 선택만이 가능하다고 했다. 즉 대두하고 있는 힘을 인식하고, 그것에 합리적인 표현을 부여하며, 나아가 그 한도 내에서 그 진로를 결정할 수도 있다는 것이다. 따라서 필요한 것은 "하나의 전혀 새로운 구조를 고안하는 것이 아니라, 그것들이 공동사회의 올바른 의미에서 민주적 구성의 조직으로 유효하기 위해, 그러한 사회조직을 개혁하고 그 일부의 권력이나 기능을 제한하거나 확장하는 방법, 그리고 추가되고 배제되어야 할 것을 찾는 것"(*Constitution* 105)이라고 보았다. 이러한 점진주의는 '영국인의 민족적 지혜'에 대한 신뢰를 바탕으로 했다.

웹 부부는 국가의 역사적 변화에도 주목했다. 즉 국가는 권력국가로서의 성격을 점차 잃어가고 공공서비스 기관이자 시민공동체인 복지국가로 변모한다는 것이었다. 그는 그런 국가에서도 사회구조에 관한 자본주의적 전제의 영향을 피할 수는 없지만, 복지국가의 성격을 더욱 강화하는 것이 더 중요하고, 이를 위해 사회구조와 정치구조의 민주화가 더욱 필요하다고 보았다. 이로부터 웹 부부는 산업사회의 내부로부터 다원적이고 중층적이며 기능적인 민주주의 시스템을 구상했다.

사회민주주의

사회민주주의와 복지국가의 부모는 19세기 말에 결혼한 영국의 웹 부부라고 머리말에서 말한 것은 나의 주장이다. 지금까지 그렇게 말한 사람이 없었으니 이 말에 이의를 제기할 사람들이 많을 것 같다. 그러니 해명이 필요하다. 먼저 사회민주주의란 무엇인지부터 살펴보자.

사회민주주의라는 말이 처음 사용된 것은 1860년 에두아르트 베른슈타인Eduard Bernstein, 1850~1932이 창간한 비합법 잡지이자 독일 사민당의 기관지인 《사회민주주의자*Sozialdemokrat*》에서였다. 1864~1876년 제1인터내셔널 시대에 사회민주주의라는 말은 모든 사회주의운동의 총칭처럼 되었고, 1889~1914년 제2인터내셔널 시대에는 사회민주주의란 말에 혁명적 요소가 가미됨으로써 공산주의라는 말을 대신하는 경향을 보이기도 했다. 그러나 제1차 세계대전을 고비로 사회민주주의의 주장에 개량주의적이고 수정주의적인 요소가 증대되면서 레닌은 1919년 제3인터내셔널을 결성하였고, 그 결과 사회민주주의는 마르크스-레닌주의에 입각하지 않는 사회주의 사상을 뜻하게 되어 마르크스-레닌주의, 즉 공산주의와 결별하였다.

그런 의미의 사회민주주의를 흔히 생산수단의 사회적 소유와 사회적 관리에 의한 사회의 개조를 민주주의적인 방법을 통해서 실현하려고 하는 주장 또는 운동의 총칭이라고 규정한다. 이러한 규정에 의하면 영국의 노동당이나 그 모태에 해당하는 페이비언협회도 사회민주주의적인 것이라고 할 수 있고, 그 최초의 이념은 1884년 영국에서 페이비언협회가 만들어졌을 때 나타났다고 볼 수도 있다. 그것이 마르크스주의와 다른 점은 무엇보다도 폭력혁명이 아닌 비폭력적 민주주의의 방법을 택한다는 점이지만, 그 밖에는 공통된 체계적 이론이 없고 시대나 나라별로 다양하게 변했다.

사회민주주의는 영국에 그치지 않고 페이비언협회가 만들어진 1884년보다 10여 년 뒤인 1890년대 중반 베른슈타인에 의해 그 이론의 틀이 만들어졌다고 보는 것이 일반적이다. 베른슈타인은 정통 마르크스주의의 핵심인 역사 유물론과 계급투쟁을 비판하고, 자본주의로 인해서 부의 집중과 사회적 궁핍화가 점점 더 심화되는 것이 아니라, 자본주의는 점차 복잡해지고 적응력도 커졌다고 보았다. 즉 사회주의가 필연적으로 도래한다고 생각하지 않았으며, 자본주의가 붕괴되어 사회주의가 출현할 것을 기다리기보다 현 체제를 개혁하기 위해 노력해야 한다고 주장했다. 또한 계급투쟁의 필연성이라는 주장도 역사적으로 부정확할 뿐 아니라, 정치적으로 사회주의자들을 쇠약하게 만들기 때문에 중간계급과 농민들은 노동자들과 공통된 이해관계를 가진 공동체를 형성한다고 보았다.

베른슈타인 이후 사회민주주의의 이론과 실천은 다양하게 전개되었다. 베른슈타인의 이론과 페이비언협회의 이론도 상당히 달랐다. 가령 베른슈타인과 달리 페이비언협회는 사회주의가 필연적으로 도래한다고 생각했다. 페이비언협회를 영국식 마르크스주의라고 보는 사람도 있지만, 페이비언협회는 제러미 벤담 Jeremy Bentham, 1748~1832이나 존 스튜어트 밀John Stuart Mill, 1806~1873과 같은 영국의 급진주의 전통과 경험주의적이고 실증주의적인 사고 전통의 영향하에 마르크스주의를 철저히 비판했기 때문에 그렇게 볼 수는 없다. 도리어 페이비언협회가 유럽 대륙의 사회민주주의 형성에 상당한 영향을 주었다고 보는 견해도 있다.

웹 부부가 만든 페이비언협회와 영국 노동당에 대해서는 아래 본문에서 충분히 설명할 것이므로 여기서 미리 언급할 필요는 없지만, 19세기 말 웹 부부가 그 두 가지를 만듦으로써 당시 영국에서 사회주의나 공산주의에 대한 공포와 혐의가 사라졌다는 점은 강조해두고자 한다. 왜냐하면 한국에서는 아직도 그런 공포나 혐의가 남아 있기 때문이다. 심지어 사회민주주의에 대해서도 그렇다. 새로운 사상을 종북이니 뭐니 하며 범죄시하는 태도는 반드시 없어져야 한다.

1951년 6월 영국의 노동당 주도로 프랑크푸르트에서 자본주의 세계의 약 30개 사회민주주의 정당대표들이 모여 '민주사회주의의 목적과 임무흔히 민주사회주의선언 또는 프랑크푸르트선언으로 불림'를 채택했다. 그 핵심은 다음 제3조와 제13조에 나타나 있다.

사회주의는 생산수단의 소유자이거나 관리인인 소수에게 의존하고 있는 상태에서 사람들을 해방시켜 경제력을 인민 전체의 손에 넘겨 줌으로써 자유로운 사람들이 평등한 인간으로 함께 일하는 사회를 만들어내는 것을 목적으로 한다(제3조).

사회주의의 달성은 필연적인 것이 아니다. 그것은 모든 신봉자 하나 하나의 헌신을 필요로 한다. 전체주의적 방법과 달리, 사회주의는 인민으로 하여금 수동적인 역할을 받아들이게 하려고 하지 않을 뿐만 아니라, 인민의 철저하고도 적극적인 참여 없이는 성공할 수 없다고 생각한다. 사회주의는 민주주의의 최고 형태다(제13조).

여기서 보듯이 사회민주주의와 자주 혼동되는 말이 사회주의와 민주사회주의이다. 사회적 소유를 인정하면 사회민주주의이고 부정하면 민주사회주의라는 구별도 있으나 분명하지 않고, 그 이름으로 판단하면 민주사회주의보다 사회민주주의가 사회주의에 더 가깝지만 두 가지 말은 거의 같이 사용된다. 이 책에서는 사회민주주의라는 말을 사용한다. 또 사회주의를 크게 공산주의또는 마르크스주의와 사회민주주의를 포함하는 개념으로 사용한다.

복지국가

복지국가란 사회민주주의라는 이념하에 의회민주주의, 혼합경제,

완전고용 및 사회보장을 추구하는 나라를 말한다는 점은 앞에서도 설명했다. 복지국가는 다음 세 가지 정책을 특히 중시한다.

1. 모든 시민에게 교육 및 의식주를 포함한 기본 서비스를 제공
2. 노동자계급에게 실업, 의료, 장애, 퇴직 등에 대비한 사회보험을 제공
3. 빈민에게 공공부조를 제공

복지국가가 이러한 복지만을 추구하고 국가의 다른 일반적 영역을 무시한다는 것은 물론 아니다. 즉 국가의 일반적 목표와 함께 특히 복지영역을 중시한다는 것이다.

복지국가는 대체로 20세기 정치의 특징이라고 할 수 있다. 그 이전 18~19세기는 소위 자유주의 시대로 개인의 자유와 자립, 자유방임과 경제적 합리성을 핵심으로 한 개인주의와 제한 정부를 강조했다. 따라서 20세기의 복지국가를 자유주의와의 단절이라고 한다. 영국에서 그 최초의 입법은 1897년의 노동재해보상법이었고, 1911년 의료보험 및 실업보험을 내용으로 한 국민보험법의 제정으로 그 기초를 형성했다.

영국을 비롯한 유럽에서의 복지국가 형성과 달리, 같은 서양권인 미국에서는 1935년 이전까지 어떤 복지 입법도 존재하지 않

았고, 의료보험은 2017년 현재까지도 존재하지 않는다. 따라서 미국은 미완성 복지국가incomplete welfare state나 준복지국가semi welfare state라는 평가를 받는다.

한편 한국의 과거와 같이 복지영역은 물론 사회영역 전반이 후진적인 나라에서는 자유주의의 차원조차 재산권 외에는 미비한 경우가 흔하다. 가령 사회주의 활동이나 그 단체 또는 노동조합과 같은 단체의 자유가 제한되는 것이다. 따라서 그런 나라들에서는 복지국가라는 목표에 시민적 자유의 확보라는 또 하나의 과제가 필요해진다.

웹 부부의 사상사적 위치

앞에서 나는 웹 부부나 마르크스나 모두 존중한다고 말했다. 나만 그런 것이 아니다. 미국의 경제학자 헨리 스피겔Henry Spiegel이 편집한 『경제사상의 발전*The Development of Economic Thought*』1952 제3부 '사회주의자와 역사학파'에서는 마르크스를 비롯하여 7명을 다루는데 그중 하나의 절로 웹 부부를 영국의 저명한 경제사학자 리처드 토니Richard Henry Tawney, 1880~1962가 집필했기 때문이다. 그러나 웬만한 사상사 책에는 웹 부부가 등장하지 않는다. 내가 읽은 책 중 하나의 장으로 웹 부부의 경제사상에 대해 다룬 책은 스피겔의 책뿐이다. 그 밖에 정치사상이나 사회사상 차원에서 웹 부부를 다룬 책도 보기 어렵다. 반면 마르크스는 그 어떤 차원에서도 여전히 등장한다. 그만큼 마르크스가 중요하다는 것이다. 그러나 마르크스 유일만능주의만큼 위험한 것도 없다.

나는 마르크스 유일만능주의가 우리의 사회주의 정착뿐 아니라 민주주의 정착에도 커다란 문제점이 되어왔다고 생각한다. 급격한 사회변화 속에서 우리의 사회주의도 급격하게 전개될 수밖에 없었고, 특히 반공주의라는 적대적인 분위기 속에서 더욱 그럴 수밖에 없었지만, 그 결과는 우리의 노동조합운동이나 사회주의는 물론 민주주의에도 치명적인 것이었다.

웹 부부는 철저한 경험주의자이자 실증주의자였다. 즉 책상 위에서 머리만을 굴리는 관념주의자나 이론주의자가 아니라 현실에 뿌리박고 현실을 철저히 관철하여 사회민주주의자가 되었다. 이는 우리에게 참으로 결여된 점이기 때문에 더욱더 강조할 필요가 있다. 그렇다. 우리의 인문사회과학은 우리 현실에 대한 냉정하고 철저한 분석과 연구 위에 선 것이 아니라, 그 현실은 무시한 채 외국의 이론을 누가 먼저 수입하느냐의 경쟁으로 점철된, 매우 비현실적이고 사대적이며 관념적인 것이었다. 나는 웹 부부와 같은, 지금 이 땅의 현실을 철저히 분석한 뒤 그 위에서 이론을 수립하는 진정한 사회과학자들이 나오기를 바라며 이 책을 쓴다.

1부의 구성

이하 1부에서는 먼저 비어트리스와 시드니가 결혼하기 전에 각자 어떻게 살았는지를 살펴본 뒤에 웹 부부의 결혼 후 동반자로서의 협동적 삶을 살펴본다. 특히 그들이 결혼한 1893년부터 이후 1899년까지의 6년간에 걸친 노동조합 연구, 1899년부터 1905년까지의 6년간에 걸친 지방자치 연구, 비어트리스가 왕립빈민법위원회의 위원으로 활동한 1905년부터 1911년 세계여행을 하기까지 6년간의 노동당 활동, 1914년 제1차 세계대전 이후부터 1931년까지의 노동당 정부 활동으로 나누어 중점적으로 살펴보도록 한다. 그들은 1950년 전후까지 살았지만 만년에 대해서는 이 책에서 크게 주목하지 않는다. 또 1914년부터 후반기의 삶이 비어트리스의 경우 40년, 시드니의 경우 33년에 달하지만 역시 이 책에서는 그 앞에 대한 설명보다 간단하게 다루도록 한다. 왜냐하면 이 책의 관심이 사회민주주의의 성립과 그 관련 문헌에 대한 이해에 집중되기 때문이다.

2 비어트리스 포터의 사회민주주의자로의 성장

긍정적 자아와 부정적 자아 사이의 갈등

웹 부부 중 더 유명한 사람은 비어트리스일지 모른다. 시드니와 달리 그녀의 전기는 여러 권이 나왔는데 그중에서 마가렛 콜Margaret Cole, 1893~1980이 쓴 『비아트리스 웹의 생애와 사상』이 20여 년 전에 우리말로 번역되었고, 그녀의 자서전비어트리스 자신은 자서전이 아니라고 하지만 일부라고도 할 수 있는 『나의 도제시절』도 번역되었다. 웹 부부가 쓴 『노동조합운동의 역사』번역서는 『영국노동조합운동사』는 이미 1988년에 번역 출간되었고, 그 책은 노동운동에 대해서는 가장 고전적인 책으로 소개되어왔다. 그 밖에도 협동조합 사상의 선구자나 복지국가 사상의 최초 선구자로도 언급되었다.

『나의 도제시절』은 다음과 같이 시작한다.

> 한 사람의 개인사에는 일상 너머 긍정적 자아와 부정적 자아 사이에 갈등이 존재한다. 이 갈등을 잘 해결하면 우리는 정서적으로 안정된 조화로운 인간이 되어 사적인 일과 공적인 일 모두에서 일관되게 행동할 수 있다. 사람들은 이러한 갈등 때문에 어떤 때는 자유의지를 믿고, 어떤 때는 결정론에 이르며, 또 어떤 때는 초조해하다가 무력증에 빠지기도 한다. (중략) 나 역시 소녀시절부터 노년기까지 의식 속에서 이러한 갈등을 끊임없이 반복했다. 그런 갈등을 통해서 나는 하나의 소명을 선택하게 되었고 지금은 그 소명을 실천하고 있다(도제37~38).

그런데 '긍정적 자아와 부정적 자아 사이의 갈등'이라는 것이 프로이트적인 의미에서 정신분열 같은 것이 아니라, 그러한 갈등이 서로 연관된 두 가지 문제로 귀착되었다고 비어트리스는 설명한다. 즉 '사회조직학'이 앞날을 예측하고 변화시킬 수 있는가 하는 문제와 그런 사회조직을 위해서는 과학적 능력만으로 충분한가 하는 문제이다. 그리고 그 답으로 자신의 노동철학과 인생철학을 밝히기 위해 "개인적인 경험이라는 소박한 형태로 내 신념을 표현하게 될 것"(도제38)이라고 말한다.

비어트리스가 말한 사회조직학이란 오늘의 사회학 내지 사회과학을 말한다고 볼 수 있다. 비어트리스만이 아니라 시드니 웹도, 나아가 그들의 동료였던 페이비언협회 사람들도 모두 사회과학을 연구했다. 심지어 조지 버나드 쇼George Bernard Shaw, 1856~1950 같은 작가들도 그러했다. 그러나 그들의 사회과학은 지금 우리가 아는 복잡한 학문적 이론 체계가 아니라, 비어트리스가 위에서 말했듯이 '개인적인 경험'에서 나온 것이었다. 물론 그것은 주관적인 감상의 넋두리 같은 것이 아니라 나름의 '사회조사 방법'에 의한 과학적인 것이었음을 『나의 도제시절』 1장에서부터 읽을 수 있다.

> 물리학자, 화학자, 생물학자와 달리 사회학자는 독특하게 환경의 산물이다. 사회학자에게는 출신 배경과 부모, 성장 당시 속한 계급과 그때 가졌던 사회에 대한 통념, 그리고 자신의 동료이거나 자신을 이끌었던 사람들의 특징과 학식 등이 시간의 순서나 친밀도 못지않게 아주 중요한 자료다(도제39).

그런 입장에서 비어트리스는 자신의 환경을 철저히 분석한다. 아래에서 그것을 살펴보겠지만, 나는 이러한 비어트리스의 태도가 우리의 사회과학계는 물론 인문과학계에서도 나타나기를 기대한다. 왜냐하면 우리의 학문풍토는 자기 경험에서 나오는 것이 아니라 그것과 동떨어진 교육, 특히 외국유학에 지배되는 경향이 있기 때문이다. 그래서 첨단 외국학문의 수입에 급급하기 때문에 경험과 학문이 일치하기는커녕 서로 모순을 불러일으키는 경우도 많다. 특히 그런 사대적 태도로 학문적 명성을 쌓으면 이를 토대로 정치권력과 빌붙는 경우가 허다하여 무경험적이고 비현실적인 관념 조작의 학문이 그대로 정책으로 나타난다. 이는 적어도 조선시대 이래의 전통처럼 되어온 것이기에 쉽게 벗어날 수 있는 문제는 아니지만, 그런 사대적이고 권력적인 학문 아닌 학문의 풍토에서 벗어나지 못하는 한 우리에게는 제대로 된 우리의 학문도, 정치도, 그 무엇도 있을 수 없다.

진보의 시대, 노동의 비참

시드니 웹과의 결혼 이전의 이름인 비어트리스 포터는 그녀의 표현을 빌리자면 '습관적으로 명령하는'(도제84) 부르주아 계급의 가정에서 1858년 1월 22일에 태어났다. 근대 영국의 황금기였던 빅토리아 왕조 중기로 그 번영의 상징인 런던 만국박람회가 개최된 1851년의 7년 뒤였다. 박람회의 책임을 맡은 앨버트 공빅토리아 여왕의 남편은 그 박람회가 인간 역사상 '인류 조화의 실현'으로 향한 필연적인 전진을 보여주는 증거라고 주장했다.

빅토리아 시대는 독일인이 자랑하는 빌헬름 시대처럼 영국인이 자랑하며 동경하는 진보의 시대다. 1837년 빅토리아 여왕의 즉위로 시작된 그 시대는 영국 자본주의 역사의 개화기였다. 즉 선진 자본주의 국가로서 이미 산업혁명의 고민을 극복한 영국은 그 모태에 여전히 모순을 지니면서도 '세계의 공장'이라는 지위를 확보하여 '세계의 부'를 축적한 안정기였다. 물론 문제가 없었던 것은 아니었으나, 19세기 초부터 1914년 제1차 세계대전이 터지는 20세기 전까지 100여 년은 진보란 필연적이고 유익하다는 신념에 지배된 시대였다.

그 기간에 의식주의 개선과 교육의 확대로 수명은 길어지고 유아 사망률은 저하되었으며 철과 석탄과 증기, 기계와 엔진, 철도와 기차와 자동차, 기선과 비행기에 의해 세계는 하나가 되었다. 현대 생활의 필수품인 옥내 수세식 화장실, 붙박이 욕조, 조리용 가스레인지, 냉장고도 이때 나타났다. 이는 엄청난 변화였다. 그 직전에는 유럽 인구의 4분의 3이 농촌에서 힘겨운 노동에 지쳐 살았고 의식주는 그야말로 빈약하기 짝이 없었다. 대부분의 사람들은 어떤 교육도 받지 못해 무지했고 일자리를 구하기 위해 먼지 나는 시골길을 걷거나 나룻배를 탔다.

19세기 진보의 선두 주자는 영국이었다. 영국만이 노동력의 유효한 이용과 고도로 발달한 금융자본의 철저한 결합에 의해 공업을 발전시키고 세계 무역량의 3분의 1을 지배했다. 그 요인 중에서 가장 중요한 것은 노섬벌랜드와 요크셔의 대탄광과 컴벌랜드의 철광산으로, 1851년 단계에서 전 세계 석탄의 3분의 2와 철광석의 반 이상을 생산한 점이었다. 증기기관의 발명도 영국이 선두였고, 1851년에 전 세계 해상 수송선의 60퍼센트를 영국이 소유했다.

19세기는 물질의 번영만을 시작한 것이 아니었다. 인간의 번영, 제도의 번영, 사회의 번영도 시작되었다. 특히 길드의 뿌리가 깊은 대륙보다도 영국은 그 속박에서 일찍부터 벗어났고 사회는 보다 개방적이었다. 귀족의 자제도 차남 이하는 평민이었으므로 자활을 위해 상업에 투신했다. 그래서 도시에서는 중산계급 자본가들이 엄청난 부를 축적했고 모든 사회인을 기업과 공장으로 끌어들였다.

그러나 노동자들의 삶은 비참했다. 노동자의 임금이 오르고 노동조건의 개선을 위한 노력들이 조금씩 나타났지만 진보의 시대는 노동자에게 지옥의 시대였다. 농노의 신분에서 그들을 해방한 법률은 그들에게 굶어죽을 자유까지 부여했다. 재산도 없고 농업기술도 무용지물이 되어버린 그들은 생존을 위해서는 자본가를 무조건 따라야 했다. 경영자인 자본가는 고용도 해고도 마음대로 할 수 있었다. 그래서 당시의 노동자들은 처참한 상황에 놓여졌다. 가령 1860년 영국의 어느 지방 장관은 다음과 같이 기록했다.

새벽 2시, 3시, 4시쯤에 더러운 침대에서 두드려 깨워지고, 그렇게라도 살아가기 위해 밤 10시, 11시, 12시쯤까지 혹사당하고 있다. 손발은 야위고 가슴은 움푹 꺼지고 얼굴은 창백하다. 돌처럼 무표정하고 인간다운 데가 전혀 없다. 이처럼 참혹한 그들을 보고 있노라면 몸서리가 처진다.

1863년 도기공장에 고용된 어린 소년은 정부의 소년노동조사위원회에서 다음과 같이 말했다.

저는 녹로轆轤, jigger를 돌려 형을 만드는 당번이었어요. 6시까지는 나와 있어요. 4시쯤에 나오는 날도 있어요. 어제부터는 오늘 아침 6시까지 철야를 했어요. 그저께 밤부터는 한 숨도 못 잤어요. 어젯밤에는 저 말고도 8~9명의 어린이가 일했어요. 그중 1명을 제외하고 전원이 오늘 아침 나와 있어요. 저는 3실링 6펜스를 받아요. 밤에 일을 해도 수당은 없어요.

이러한 노동의 비참은 진보의 시대가 보인 최대의 모순이었다. 게다가 공장이 들어선 도시는 급격히 팽창했다. 1851년 영국에는 농촌보다 도시에서 일하는 사람들이 더 많았다. 1901년에는 그 비율이 3 대 1이나 되었다. 도시 노동자의 삶은 비참했다.

인간이 살기에는 너무나 부적당한 런던의 슬럼가에는 9개의 방에 63명이 살았는데, 각 방에는 침대가 하나밖에 없었다. 창문 수에 따라 세금이 부과된 탓에 창문 수를 최소로 한 집에 배수시설이나 위생시설은 너무나 불완전했고 하수시설은 길의 중앙에 낸 도랑뿐이었다. 그런 곳에서는 언제나 전염병이 창궐했고 범죄가 들끓었다.

상 · 하류계급은 그전까지도 상이한 삶을 살았지만 이제 그 차이는 극단화되었다. 상류계급의 아이는 38세까지 살았지만 하류계급의 아이들은 그 절반도 안 되는 17세에 죽는 것이 평균이었다. 게다가 농촌에서 영주와 농민은 얼굴을 마주보고 살았지만, 이제 자본가와 노동자는 전혀 다른 세계에서 서로 전혀 모르고 살았다. 그런 가운데 노동력은 그야말로 하나의 상품에 불과했다.

이러한 비참을 바꾸고자 하는 가장 큰 변화는 노동자 자신의 운동에 의해 이루어졌다. 그러나 1824년까지 노동조합은 불법이었다. 그 뒤 단결은 인정되었어도 그 활동은 금지되었다. 주종법Master and Servant Act이나 수정형사법Criminal Law Amendment에 의해 파업은 공모죄conspiracy로 처벌되었고 피케팅은 범죄로 처벌되었다. 1871년 노동조합법이 제정되었어도 많은 활동은 위법이었다. 그 해 파업 파괴에 코웃음을 쳤다는 이유로 7명의 여성이 교도소로 끌려갔다. 1875년의 '공모 및 재산보호법Conspiracy and Protection of Property Act'에 의해 마침내 파업과 피케팅이 합법화되었다.

그럼에도 노동조합은 발전했다. 그 결과 1850년 여성과 소년의 노동시간을 1일 10시간 반으로 제한하는 최소한의 노동보호법이 최초로 만들어졌다. 보통선거권을 요구한 최초의 노동자 운동인 차티스트 운동은 1830년대 중반에 시작되었다. 그것은 1840년대 말에 약화되었지만 1850년대에 지역별 노동위원회trades councils가 속출하고, 1851년의 기계공 노동조합을 비롯하여 전국적 규모의 노동조직들이 많이 생겨났다. 1868년에는 노동조합의 최상위 단체인 노동조합회의Trade Union Congress, 이하 TUC로 약칭함도 조직되었다.

이러한 노동조합의 발전도 빅토리아 황금기의 초기에 이루어졌다. 1870년대에는 기계, 출판, 건축 등의 노조가 전국조직을 갖기 시작했고 섬유, 석탄, 철강의 노조도 안정기에 들어갔다. 그러나 마르크스주의에서 말하는 계급투쟁은커녕 정치활동과도 노조는 무관했다. 1870년대 중반에 TUC 가입 노조원 수는 60만 명에 가까웠으나 후반에 와서는 40만 명 미만으로 감소하였고, 1880년대 말에도 노조 조직률은 10퍼센트 수준에 불과했다.

1866년, 1873년, 1890년에 공황은 주기적으로 찾아왔으나 마르크스와 엥겔스의 예언과 달리 노동자들을 혁명으로 이끌지 못했다. 당시 노동조합은 정치에 무관심했고 마르크스의 계급투쟁 같은 개념들과도 무관했다. 자본주의는 여전히 청년이었고 노동계급의 청춘과 일치하는 듯이 보였다. 자본주의의 이삭은 노동자계급도 윤택하게 만든다고 생각되었기 때문이다. 파업다운 파업은 1889년 런던 부두 대파업Great London Dock Strike이 그 시초였다. 그때 비어트리스는 31세, 시드니는 30세였다.

가문의 발전

부르주아 계급의 축복받은 빅토리아 중기에 비어트리스는 부르주아의 딸로 태어났다. 즉 부유한 철도 사업가인 아버지와 대상인의 딸인 어머니 사이의 9남 1녀 중 여덟 번째 딸이었다.

그들의 선조는 산업혁명, 즉 "18세기 마지막 10년 동안 생겨난 신식 공장의 노동자"로 출발했으나 "개척적이고 열정적"이어서 "급속하게 부유한 산업자본가가 되었다."(도제40) 즉 근면한 노동자가 부르주아가 될 수 있었던 19세기 상류계층의 전형이었다.

그녀의 할아버지 리처드 포터는 시골의 소작농이자 작은 직물상점 주인집의 아들로 역시 상점을 경영했다. 비슷한 나이의 로버트 오언Robert Owen, 1771~1858이 시골의 금물상金物商이자 우체국장인 것과 유사했다. 그는 10대에 시골 점원으로 출발하여 맨체스터에서 방적기 제조업자가 되었다가 뉴래너크에서 최신 · 최대의 방적공장 경영주가 된 오언보다 상업적 능력이 뛰어나지 않았고, 또 노동자의 처우 개선을 위해 여러 가지 유토피아적 실험을 했던 오언만큼 진보적이지는 않았지만 정치개혁에 관심이 컸고 1799년에는 동료 점원들과 토론회도 만든 개혁주의자였다. 그러나 당시 가장 급진적인 과제였던 성인 선거권이나 노동계급 지원과는 무관했다. 그래서 당시의 진보를 대표한 윌리엄 코빗William Cobbett, 1763~1835에게 비겁자라는 비난을 받았다. 그러나 리처드 포터는 뒤에 맨체스터 시장이 된 형 토머스 포터와 함께 개혁의회 의원이 되었다.

리처드 포터는 2녀 1남을 두었는데 그 외동아들이 비어트리스의 아버지였다. 맏딸은 제독과 결혼했고, 둘째 딸은 역사가 매콜리의 아우와 결혼하고 뒤에 비어트리스가 참가해 빈곤조사를 한 찰스 부스Charles Booth, 1840~1916와 결혼하는 메리를 낳았다. 리처드 2세는 유니테리언이어서 그 아버지가 창립자의 한 사람이었던 런던의 유니버시티 칼리지University College에서 교육을 받고 변호사가 되었지만 개업하지는 않고 정치에 뜻을 두었다. 앞에서 보았듯이 그는 개혁주의자 가정에서 자랐지만 1860년대에 보수당원이 되었고 종교도 국교회로 바꾸었다. 그래서 노동자에게 투표권을 부여한 벤저민 디즈레일리Benjamin Disraeli, 1804~1881의 1867년 제2차 선거법 개정에 반대할 정도로 보수적이 되었으나, 노동자들이 선거권을 얻게 되자 노동자 교육에 열의를 보였다.

리처드 포터 2세Richard Potter, 1817~1892는 리버풀 상인의 딸인 로렌시나 헤이워스Laurensina Hayworth, 1821~1882와 결혼한 뒤 1847~1848년의 경제위기로 상속재산의 대부분을 잃어 장인의 도움으로 철도회사의 사장으로 일했다. 그 뒤 여러 사업을 벌여 성공을 거두었다. 비어트리스는 "빅토리아 시대 중반의 전체적인 기업 분위기는 고정된 도덕적 기준에 적대적이었다"(도제45)고 했다.

이는 비어트리스가 태어난 1858년의 1년 뒤, 영국의 베스트셀러가 된 새뮤얼 스마일스Samuel Smiles, 1812~1904의 『자조론*Self-Help*』을 통해서도 알 수 있다. "하늘은 스스로 돕는 자를 돕는다Heaven helps those who help themselves."로 시작되는 그 책은 개인의 생활과 성격이 변하지 않고서는 사회악은 아무리 법으로 고치려고 해도 다른 형태로 다시 나타나므로, 가장 좋은 사회제도는 사람이 스스로 자신을 개선하고 발전시키도록 방임하는 것이라고 주장했다. 따라서 이는 법을 개정하거나 제도를 수정하는 것에 반대하는 근거를 제공했고, 특히 사회복지제도를 도입하는 것에 반대하는 논거가 되었다. 바로 그 한 세대 전인 1834년, 빈민 착취제도라고 비난받은 신빈민법 제정도 그러한 근거에서 정당화되었다.

내성적 소녀

비어트리스는 다소 외롭고 병약한 소녀로 성장했으며, 광범한 독서와 아버지를 찾아온 손님들과의 토론을 통해 독학을 했다. 복지국가 사상가들은 공통적으로 가족력을 앓았다. 이 가계의 질병은 비어트리스의 경우에도 전형적으로 나타났다. 그녀는 평생 거의 모든 질병으로 고통을 당했다. 그래서 정식 교육을 주기적으로 포기해야 했고 항상 침대에 드러눕거나 신선한 공기를 마셔야 했다. 특히 노년까지 만성 불면증에 시달렸다. 60년에 걸친 그녀의 방대한 일기는 불면증의 결과이기도 했다. 『나의 도제 시절』 첫 줄에 쓴 '긍정적 자아와 부정적 자아' 사이의 갈등(도제37)이라는 말로 집약한 비어트리스의 내성적인 생활은 그녀가 15세인 1873년부터 평생 쓴 일기에 나타났다.

그녀는 어릴 적부터 독서라고 하는 자기 교육의 방법을 배우고, 어떤 책을 읽는 것도 아버지가 허용하고 토론했기 때문에 자유롭게 독서하고, 책을 발췌하여 쓰고, 사색을 했다. 15세에 쓴 일기를 보면 그녀는 요한 볼프강 괴테Johann Wolfgang von Goethe, 1749~1832의 『파우스트*Faust*』1808~1832를 영어로 번역하면서 그 작품이 "심하게 불경스러운 서문을 제외한다면, 어느 선량한 작가라도 현대의 철학자에 대해 풍자했을 법한 내용"이라고 논평했다(도제116). 또한 침체된 아버지 회사의 재기를 걱정하고 "심정적으로는 급진주의자들에게 공감한다. 그들은 아주 열성적이지만 아직은 그들의 시대가 오지 않은 것 같다"고 쓰기도 했다(도제 117).

그러나 17세 때 『제인 에어』를 읽고 '불순한 책'이라고 생각했을 정도로 비어트리스는 얌전한 소녀였다. 조르주 상드George Sand, 1804~1876도 관능적인 '불순한' 작가로 보았다. 반면 빅토르 위고Victor Marie Hugo, 1802~1885의 작품은 순수하다고 보았다. 특히 비어트리스의 집을 자주 찾은 조지 엘리엇George Elliot, 1819~1880의 소설을 좋아했다. 이름과 달리 여성인 엘리엇이 소녀 시절에 복음주의의 열렬한 신봉자였으나 차츰 당시의 새로운 사상과 접촉하여 과학주의와 실증주의에 입각한 사상을 품게 되어 기독교를 떠난 것이 비어트리스의 경험과 유사한 측면이 있었던 탓인지도 모른다. 20대 초에는 발자크의 소설도 즐겨 읽었다.

이처럼 그녀는 시보다 소설을 더 좋아했고, 사춘기 이후에는 문학보다 철학과 역사에 관한 책을 더 많이 읽었다. 러스킨과 괴테의 책도 읽었고 프랑스 작가들 중에서는 디드로, 볼테르, 발자크, 플로베르, 졸라에게서 "알고 싶은 것을 배웠다."(도제141) 문학가 중에서는 특히 괴테를 좋아했다.

고전 중에서는 플라톤을 싫어했으나 베이컨은 좋아했다. 19세에 해리엇 마르티노Harriet Martineau, 1802~1876에게서 과학으로서의 종교에 대해 배웠고, 헨리 버클Henry Thomas Buckle, 1821~1862의 『영국 문명의 역사*History of Civilization in England*』1857~1861에 크게 감동했다. 그러나 무엇보다 존 스튜어트 밀과 오귀스트 콩트Auguste Comte, 1798~1857의 책을 가장 높이 평가하면서 열심히 읽었다. 그들은 모든 것이 신에서 인간으로 이전된 19세기 중엽의 정신을 대표했다. 바로 자유와 평등을 주장한 미국 민주주의나 프랑스혁명과 마찬가지로 영국의 공리주의는 신의 세계가 가고 인간의 세계가 온다는 주장이었다. 벤담의 최대다수의 최대행복, 오언의 '인간 본성이 지닌 최고의 선의에 대한 존중'은 콩트의 인류교religion de l'humanite에서 정점에 이르렀다고 비어트리스는 생각했다. 특히 밀의 『자서전*Autobiography*』1873을 비롯한 여러 책들을 애독했다.

비어트리스는 밀의 『대의정부론*Consideration on Representative Goverment*』1861에 대해 언급하지는 않았지만, 밀이 그 책에서 "특정한 계급에 의한 배타적 정부는 민주주의라는 이름을 찬탈한 것"이라고 하면서, 육체노동자가 다수가 되면 위험하다는 이유로 지적으로도 도덕적으로도 우월한 사람들에게 복수의 투표권을 주는 차등선거제를 제안한 것에 호의를 가졌을지 모른다. 비어트리스나 시드니는 밀과 달리 차등선거제를 주장하지는 않았지만, 밀의 영향으로 엘리트주의에서 평생 벗어나지 못했고, 같은 맥락에서 제국주의에 빠졌음을 우리는 비판적으로 바라보지 않을 수 없다. 그러나 밀의 후기 작품들에 나타나는 사회주의적 경향의 영향으로부터 비어트리스와 시드니가 사회주의에 공감하여 나름의 사회민주주의를 전개한 점에 대해서는 평가할 수 있을 것이다.

기독교에 대한 회의와 함께 비어트리스는 힌두교와 불교에 관심을 보였다. 나아가 기독교를 비판하고 불교도 비판했다. 불교에서 인간의 이기심을 없앤다는 것은 인간의 가장 근본적인 점을 부정하는 것이기 때문이었다. 그러나 불교가 "아주 아름다운 도덕과 관용과 시를 하나의 교리로 모은"(도제134) 점을 기독교 신학에서는 찾아볼 수 없어서 현대 사상가들이 불교에 매료된다고 생각했다. 그녀는 모든 전통 종교를 거부하고 스펜서의 '과학종교religion of science'에 귀의했다. 그것은 종교는 무지의 소산이므로 과학적 지식으로 대체되어야 한다는 주장이었다. 즉 "충동을 부인하지 않고도 우주를 통제하는 힘을 우러러볼 수 있는 곳, 순수이성의 가르침에 따라 삶의 방향을 잡을 수 있는" "영혼의 안식처에 도달했다." 바로 1876년 가을, 그녀가 18세 때였다. 그 뒤 6년간 그녀는 과학종교를 믿어보려고 노력했지만 "뭔가가 결핍되었음을 알게 되었다."(도제138)

허버트 스펜서

딸들에게 관심이 많았던 아버지와 달리 어머니는 자녀들에게 냉담했고 특히 비어트리스에게 그러했다. 다행히 비어트리스에게는 자상한 유모가 있었다. 특히 유모 마사 잭슨Martha Jackson은 비어트리스에게 노동자의 삶에 대해 이야기를 해주어 그녀에게 그들에 대한 관심을 불러일으켰다. 그러나 어린 시절 그녀에게 노동이란 참으로 추상적인 것이었다. "노동은 산술적으로 계산할 수 있는 사람들의 무리를 뜻했다."(도제83)

아버지의 방문객들 중에서는 철학자인 허버트 스펜서Herbert Spencer, 1820~1903가 그녀에게 지적으로 가장 많은 영향을 끼쳤다. 스펜서는 교사의 아들로 태어났으나 어려서부터 학교교육에 의문을 품고 독학으로 공부했다. 철도기사와 신문기자를 거쳐 1851년 첫 저서인 『사회 정학*Social Statics*』에서 인류가 진보할수록 사회적 상태에 적합하게 되며, 국가의 역할이 감소할 것이라고 예언했다. 이 책의 출판으로 명성을 얻게 되고 33세부터는 백부의 유산을 받아 죽을 때까지 "우주에 관한 '일관되고 조직된 이론'을 구축하는"(도제65) 저술에 몰두하였다. 이어 『심리학 원리*Principles of Psychology*』1855에서는 인간의 심리조차 자연 법칙에 지배되고, 이는 개인은 물론 사회, 나아가 인류라는 종족 전체에도 적용된다고 주장했다. 그 뒤 40세가 된 1860년에 그의 평생 과업이 된 『종합

철학 체계*The Synthetic Philosophy*』의 개요를 발표한 뒤 36년간 열 권을 저술했다. 그 제1권인 『제1원리*First Principles*』가 1862년에 나온 뒤에 생물학, 심리학, 사회학, 윤리학, 철학, 교육학, 인류학, 정치학 등으로 이어졌다.

1870년 이후 스펜서는 세계적인 명성을 떨쳐 19세기 말 조선을 비롯한 동아시아 지식인들에게까지 엄청난 영향을 끼쳤다. 그럼에도 평생을 독신으로 지냈고 대학 강단에 서지 않았으며 대학이나 학회에서 주는 모든 명예 칭호도 거부했다. 그야말로 순수한 재야학자로 철학과 과학과 종교를 비롯하여 세상의 모든 것을 하나로 융합하고자 했다. 그 결과 철학과 과학을 종교에서 해방시키고 그 세 가지 모두를 사회진화론으로 종합했다.

스펜서가 비어트리스 집에 처음 온 것은 그가 24세였던 1844년이었으니 비어트리스가 태어나기 6년 전이었다. 스펜서와 리처드는 개혁파이자 비국교도로 중산계급 출신이라는 공통점을 가져 일찍부터 친구가 되었다. 찰스 다윈Charles Darwin, 1809~1882의 존경을 받은 스펜서는, 지식은 내용이 유익하고 형식은 체계적이어야 한다고 주장했다. 그리고 성직자의 정치 개입이나 군국주의에 반대했다.

스펜서는 교육학자로서도 유명했다. 그는 1861년 『교육: 지육, 덕육, 체육*Education: intellectual, moral, and physical*』에서 교육이 관습이나 선호 혹은 선입견이라는 울타리 안에 갇혀 암기에 치중하고, 도덕에 무지하고, 체력을 경시한다고 비판하면서 고전학자를 매도하고 교육은 인생을 위한 준비가 되어야 한다고 주장했다. 따라서 생명 유지에 가장 깊이 관련되는 생리학, 위생학, 물리학, 화학부터 배워야 하고, 이어 의식주의 효율적 생산에 관련된 실천적 기술의 추구와 가장 밀접하게 관련되는 여러 과학, 그리고 자손의 양육에 관한 것을 배워야 한다고 했다. 그 뒤에 지성적 시민이자 훌륭한 이웃으로 키우기 위한 사회과학이 필요하고, 당시 유한계급 교육의 대부분을 차지한 외국어나 문학은 마지막에 배워야 한다고 보았다.

그런 스펜서였으니 아이들에게는 "늘 해방자였"고 "그의 즐거운 공리인 '순종은 바람직하지 않음'은 아이들에게 가정교사나 선생들의 방식을 철저하게 비판하게 함으로써 더욱 빛을 발했다"고 비어트리스는 회상했다(도제64). 또 비어트리스에 의하면 그는 "과학적 사고에 갓 입문한 초보자에게는 그가 일상적인 일을 관찰하며 이렇게 독창적으로 심오한 논리를 펼치는 게 아주 인상적"이었고, "물질적인 부유함과 육체적인 안락을 무시하고 인간의 진보에 도움이 된다고 생각하는 과업을 완수하기 위해 계속 분투"하는 "영웅적인 예"(도제68)를 보여주었다. 그러면서도 비어트리스에게 스펜서는 "사고 기계"(도제72)이자 "정신적 기형"

이었다. "지적인 능력은 과다하게 발달되었는데 공감과 감정 같은 자질은 아주 미약하게 발달하여 기형이 되어버린 것이다. 이런 기형은 동정을 사기도 하지만 그렇지 않을 때에는 혐오감을 불러일으킨다."(도제69)

비어트리스가 그의 도제가 된 것은 스무 살 이후였다(도제79, 142). 즉 스펜서의 명성이 높아진 1870년 이후였다. 비어트리스는 스펜서의 모든 책을 열심히 읽었다. 그녀가 28세이던 1884년에 스펜서가 쓴 『개인 대 국가*The Man Versus The State*』는 자유방임주의의 성경 같은 책이었다. 개인의 자유를 침해하는 국가권력의 정당성을 부인하고 그것이 거대한 정치적 미신임을 보여주어 국가권위를 전복한 그는 개인의 자유와 책임, 작은 국가의 필요성, 비호전적인 자유방임 자본주의를 옹호한 점에서 최근 신자유주의 측에서 재조명되고도 있지만 비어트리스에게는 스펜서를 떠나게 되는 계기가 된 책이었다.

비어트리스는 20대 후반부터 노동자들의 삶에 대해 알게 되면서 스펜서의 영향권에서 벗어났다. 즉 "나는 스펜서의 영향을 크게 받다가 나중엔 거기서 벗어난 우리 세대 남녀의 전형적인 예다."(도제79) 그녀에게 스펜서는 고전적 개인주의의 교조주의적 파탄이었다.

스펜서가 만년에 그의 자서전 대필을 비어트리스에게 부탁할 정도로 그가 1903년 말에 죽기까지 40년 이상 그들의 우정은 이어졌다. 그 대필 임명은 1892년 비어트리스가 사회주의자인 시드니 웹과의 약혼을 발표하자 취소되었지만 그 일로 그들의 우정이 깨어지지는 않았다.

신앙과 직업을 찾기 위한 노력

빅토리아 시기 상류계층에서는 으레 아들은 대학에, 딸은 런던 사교계에 보내어 배우자를 구하게 했다. 비어트리스의 언니들은 사교계에서 대부분 훌륭한 배우자를 구했다. 비어트리스도 뛰어난 미인으로 능숙하고 지적인 대화를 구사하여 사교계에서도 성공을 거두었으나 런던 사교계에 대해 금방 회의했다. "나는 개인적인 허영심이 런던 사교계의 이른바 '직업병'임을 발견했다."(도제89) "지배적인 태도는 부자의 탐욕도 사치스러운 생활도 아니다. 물론 이 두 감정이 혼재하기는 하지만, 권력에 대한 욕망이 지배적이다."(도제94)

1882년 어머니가 죽자 비어트리스의 생활이 변했다. 즉 저택의 일을 총괄하고 아버지의 비서 노릇까지 해야 했다. 그런 역할이 그녀로 하여금 질서 있게 조직하는 일에 능숙하게 만들었고, 특히 돈을 효율적으로 사용하도록 했다. 그래서 그 뒤 노동운동에 가담하면서 제도나 계획이 쓸모없게 되거나 불가능하게 되어도 그것에 집착하거나 주저하지 않았다. 또 사람들을 다루는 기술을 익혀 뒤에 부부가 협동할 때에 비어트리스는 면접을 하고 시드니는 그것을 요약하여 서술하는 역할을 맡게 되었다.

그 후 몇 년간 비어트리스는 신앙과 직업문제로 좌절했다. 어머니가 죽은 뒤 비어트리스는 기독교에 대한 신앙을 잃었다. 뒤에 그녀는 "사람들이 너에게 해야 한다고 생각하는 만큼 다른 사람들을 위하여 행하라"는 기독교의 명령을 지극히 개인주의적인 것으로서 사회정의에 반한다고 비판했다. 그러나 개인적인 기도에 대해서는 믿음을 가졌다. 이러한 기독교에 대한 회의는 비어트리스 개인만의 특이한 경험이 아니었다.

신앙에 대한 회의는 과학을 숭배하게 만들었다. 스펜서에게서 비롯된 그것은 불가지론agnosticism을 만든 토머스 헉슬리Thomas Henry Huxley, 1825~1895나 우생학자로 악명 높은 프랜시스 골턴Sir Francis Galton, 1822~1911 등의 저술을 읽는 것으로 나아갔다. 그들 역시 비어트리스 부모의 친구들로 자주 찾아왔기 때문에 비어트리스에게는 친숙한 사람들이었다.

그러나 과학은 종교가 될 수가 없었다. 그래서 다시 고종사촌형부 부스의 영향으로 콩트의 인간성 종교를 믿었다. 실증주의자 콩트는 만년에 신비주의에 빠져 인간성을 숭배하는 인류교를 주장했다. 그러나 비어트리스는 콩트주의자가 되지는 않았다.

결국 벤담과 존 스튜어트 밀의 철학을 페이비언적으로 재구성한 것은 노동계급에 대한 그녀의 경험과 현대 사회의 현실을 융합하는 일에서 철학적 안식처가 되었다.

그 무렵 비어트리스는 당시 진보의 선두 주자였던 조지프 체임벌린Joseph Chamberlain, 1836~1914을 사랑하여 20세 연상인 그와 한때 결혼까지 생각했다. 당시 그는 자유당의 윌리엄 글래드스톤William Gladstone, 1809~1998 내각하에서 상공부장관1880~1885이었다. 그 뒤 그는 자치부장관1886을 거쳤으나 탈당하여 자유통일당을 결성하고 보수당 내각에서 식민부장관1895~1903을 지내면서 제국주의 정책을 적극적으로 수행했다.

1883년부터 5년간 비어트리스는 당대의 중상류계급의 의무로 여겨진 자선사업에 종사했다. 그것은 프랑스나 러시아에서와 같은 기생적 계급의 형성을 막은 영국의 독특한 전통이었다. 물론 영국 중상류층의 '자선'사업이라는 것을 눈가림의 '위선'사업으로 비판하는 것도 가능하다. 그러나 그것이 이 책의 머리말에서도 말한 노블레스 오블리주라는 영국 지배계층의 전통에 뿌리박은 것임은 분명하다. 그리고 그것이 페이비언협회나 노동당에까지도 계승되었음을 부정할 수 없다.

위장취업

당시 비어트리스의 가족이나 친구들 사이에서 중요한 쟁점은 빈곤과 그 해결방법에 관한 것이었다. 첫째, 대중의 빈곤은 국부의 생산이나 문명 진보에 불가피한 것인가, 대부분의 사람들이 빈곤하고 무교육 상태에 머물면 그들에게 노동조합운동이나 투표에 의해 정부를 통제할 수 있게 하는 것이 바람직한가, 그것은 안전할 수 있는가 하는 것이었다.

이를 알고자 그녀는 자선사업에 종사했으나 그곳의 노동자들은 빈민 중의 유한계급이었다. 그래서 노동자계급 전체의 빈곤 문제를 보고자 그녀는 1883년 11월, 농민의 딸로 가장하고 농가에 여러 차례 머물면서 자아 형성에 결정적인 계기를 경험했다. 당시까지 비어트리스는 사회주의자가 아니라 개인주의자였고 사회주의적 정책에 비판적이었다.

농가에서 그녀는 노동조합과 협동조합의 활동가들을 만났다. 당시 그녀가 아버지에게 쓴 편지를 보면 그녀가 만난 빈민들이 매우 공정하고 따뜻한 마음씨의 소유자인 반면, 자선사업가나 정치가들은 빈민을 만성적 낙오자로 취급하였음을 알 수 있다. 특히 주민이 자주적으로 운영하는 협동조합이나 비국교도의 교회가 지역생활에서 중요한 역할을 하고, 미래의 민주주의가 사회주의로 흐르는 것을 막는 중요한 기능을 하는 것이 지방의회이며, 정치적 사고는 이론적인 것이 아니라 실천적인 방향이어야 한다고 주장했다. 그러면서도 오래된 종교적 신념에 의한 사고나 행위로 이루어지는 사회질서의 가능성을 그곳에서 보기도 했다고 하여 앞에서 본 자아 사이의 투쟁을 여전히 극복하지 못했음도 보여준다. 여하튼 노동조합, 협동조합, 지방자치단체의 경험은 뒤에 웹 부부가 평생의 과제로 삼은 것이었다.

비어트리스는 1884년부터 2년간 노동계급의 주택단지 관리인으로 집세 받는 일을 했다. 그 주택단지는 옥타비아 힐Octavia Hill, 1838~1912의 영향을 받은 박애주의자들이 빈민굴 철거로 인해 쫓겨난 노동자들을 위해 건설한 것이었다. 그러나 그곳이 최저한의 시설에 불과한 점에 비어트리스는 분노했다. 결국 어느 사업이나 빈곤이라는 근본적인 문제의 해결을 위한 노력이 아니었다. 그래서 1886년 11월, 그녀는 '완전한 실패'라고 단정했다.

1880년대의 상황

여기서 우리는 비어트리스의 변화와 관련된 1880년대의 '정치적 동요'를 살펴볼 필요가 있다. 그 출발점은 지성인과 부유한 자들 사이에서 새롭게 인식된 죄의식에서 찾을 수 있다고 그녀는 말했다. 즉 사회운동가인 리처드 오스틀러Richard Oastler, 1789~1861나 노동자계급에 관심을 보인 정치인 섀프츠베리Shaftesbury, 1801~1885 등이 주도한 박애주의, 찰스 디킨스Charles Dickens, 1812~1870와 토머스 칼라일Thomas Carlyle, 1795~1881과 러스킨 및 모리스의 문학예술, 만년의 존 스튜어트 밀, 헨리 조지Henry George, 1839~1897, 킹슬리, 페이비언협회 등의 죄의식이었다.

이미 1840년대에 칼라일은 『과거와 현재*Past and Present*』1843의 첫 부분에서 다음과 같이 썼다.

> 영국은 풍요로움으로 가득 차고 모든 방면에서 인간이 필요로 하는 것을 다양하게 생산하고 공급하지만, 영양실조로 죽어가고 있다.

노동계약이 현금거래 관계로만 인정되는 것을 비난하고 과거의 가부장적 관계가 없어진 것을 개탄한 칼라일은 당시의 사회 변화에 역행하는 것이었지만 산업화에 대한 가장 강력한 비판으로 대두했다. 칼라일보다 늦게 등장한 러스킨은 산업사회의 추악상을 더욱 날카롭게 비판하고 수공업 직인의 지위가 더욱 정당하게 인정된 중세 길드와 같은 새로운 산업사회를 구상했다. 그는 셰필드의 사회주의자들이 운영하다가 실패한 농장을 구입하여 자급공동체인 성조지길드St. George Guild를 만들었고, 여러 저서로 집단주의를 지지했다. 케어 하디Keir Hardie, 1856~1915를 비롯한 노동운동 지도자들은 경제학이 아니라 칼라일과 러스킨의 책을 읽고 사회주의자가 되었다.

마찬가지로 헨리 조지는 '산업불황의 원인 탐구와 빈곤의 증가와 부의 증가의 원인과 대처방안'이라는 부제가 붙은 『진보와 빈곤*Progress and Poverty*』1879에서 다음과 같이 썼다.

> 현대의 진보가 가져온 모든 부가 거대한 재산가를 만들거나 사치를 증가시키고 가진 자와 못 가진 자의 차이만 양산한다면 진보는 거짓이 되고 영구적일 수도 없으며 이에 대한 반작용이 생겨날 것이다.

그리고 밀은 『자서전』 마지막에서 자신이 민주주의자에서 사회주의자로 돌아선 이유를 다음과 같이 설명했다.

> 사유재산과 유산상속은 나나 사회주의자들이나 공히 법이 보장해서는 안 될 것으로 보았다. 장자상속권 등을 없앰으로써 이러한 제도가 낳는 불공평을 감소시키는 정도에서 사회주의를 받아들였다. 여기서 한 걸음 더 나아가 불공평을 없애겠다는 생각 —이를 치유할 방법이 있든 없든 간에— 을 했으며, 몇몇의 소수만 부자로 태어나고 다수는 빈민으로 태어나기 때문에 인구증가를 자발적으로 억제하는 교육을 통해서만 빈민층의 규모가 줄 수 있다고 생각했다. (중략) 일하지 않는 자가 먹지도 못한다는 법칙이 가난한 자뿐 아니라

모두에게 공평하게 적용되기를 바란다. 노동 성과의 구분이 더 이상 출신 성분에 좌우되기보다는 평등이라는 원칙에 따라 이루어지는 시대가 오기를 희망한다. 또한 인간이 자기의 이득만을 추구하기보다는 자신이 속한 사회와 공유하기 위해 노력하는 시대가 오기를 희망한다.

그러나 사회주의에 반대하는 개인주의도 강고했다. 그 선두는 비어트리스의 '오랜 친구'(도제238)이자 스승인 스펜서였다.

부스와 라운트리의 사회조사사업

1886년 28세의 비어트리스는 삶에 새로운 전환기를 맞았다. 리버풀의 부유한 상인이자 선박 소유주로, 정치적으로는 자유당 급진주의자이고 종교적으로는 유니테리언이면서도 콩트의 실증주의에 심취한 사회개혁가인 고종사촌 형부 찰스 부스의 기념비적 대작 『런던 인민의 삶과 노동*The Life and Labour of the People in London*』1903의 집필을 도와주면서 하층계급 생활의 현실을 보다 많이 알게 되었다. 그 조사사업은 비어트리스에게 많은 영향을 끼쳤다.

그러한 조사 전에 사회민주연맹은 1885년, 런던의 노동자계급 거주지역의 생활조사 결과 25퍼센트의 인구가 극빈 상태에 있다고 주장하자 자본 측은 그것을 허위와 과장이라고 비난했다. 부스도 그런 비난에 가담하였고 자신의 주장을 증명하기 위해 조사에 나섰다. 그러나 부스의 조사 결과는 더욱 심각하게 '빈곤선 poverty line'을 넘어가는 빈민이 30퍼센트에 이른다는 것이었다. 이 빈곤선이라는 개념은 부스의 업적 중 가장 빛나는 것이었다. 그것은 빈곤의 과학적이고 통계적인 검증에 필수적인 개념이었고 내셔널 미니멈national minimum이라는 정책의 과학적 근거가 되었다.

부스는 아무런 편견 없이 빈곤을 사실로 발견하고자 조사를 시작한 19세기 최초의 사회조사가였다. 부스 이전에는 런던의 빈곤에 관심을 둔 사람이 많았지만 그것을 과학적으로 조사하려는 사람은 아무도 없었다. 그는 수량적 방법과 질적 방법을 결합하여 서술했고 집단면접 및 자동기술법을 사용하여 개인적 편견을 배제하고 중립을 지켰다.

부스는 그 조사 결과를 1889년과 1991년에 두 권의 책으로 발간하여 런던 시민의 30.7퍼센트와 런던 동부 외곽 시민의 35.2퍼센트가 빈곤 상태에 있다고 보고했다. 그 보고는 1888~1889년 대파업이, 당시 노동조합 조직화가 임시노동자의 사회적 문제가 심각함을 보여준 것과 같은 시기에 나와 사회적 소요에 대한 불안을 심어주었다.

그러나 부스는 빈곤의 원인에 대해서는 전통적인 입장을 고수했다. 즉 개인의 무능력이나 음주벽과 낭비벽 같은 개인적 책임이 주된 원인이라고 보았다. 그럼에도 그의 연구 결과는 부정기적으로만 취업이 가능한 수많은 노동자, 만성적 질병의 또 다른 원인인 경기나 계절에 따른 실업, 노령, 질병 및 장애에 대해 사람들이 주목하게 만들었다. 즉 빈곤은 개인적으로는 대처할 수 없는 문제임을 보여준 것이었다.

부스의 조사가 미친 영향에 대해서는 논란이 있다. 즉 국가가 사회문제에 결정적으로 개입하게 만들었다는 적극적인 평가도 있는 반면, 사회주의 사상의 보급이나 노동자계급의 참정권 확대와 같은 요인에 비하면 부차적인 영향력밖에 없었다는 소극적인 평가도 있다.

빈곤에 대한 부스의 연구는 1901년, 반전주의자인 퀘이커 교도 시봄 라운트리Seebohm Rowntree, 1871~1954의 요크York 시 연구에서도 확인되었다. 라운트리는 요크 시민의 27.8퍼센트, 임금노동자의 43퍼센트가 빈곤 상태에 있다고 보고했다. 실제 소득이 아닌 인구조사와 각 지역의 사정에 밝은 학교 교직원과의 질의응답을 근거로 연구한 부스와 달리, 라운트리는 각 가정의 소득상황을 상세히 조사하고, 각 가정의 기본적 최저비용을 계산한 뒤 빈곤을 건강과 노동능력을 유지하기에 충분한 자산을 갖지 못한 상태로 정의했다. 그는 최저빈곤의 주요 원인이 저임금에 있다고 보았기 때문에 이는 그 뒤 정부에 최저임금 도입을 요구하는 근거로 원용되었다. 기타 빈곤의 원인은 가족 규모, 부양자 사망, 노령 및 질병이었다. 즉 부스의 연구 결과와 달리 실업이나 부정기 취업은 중요한 요인이 아니었다.

라운트리는 빈곤을 1차 빈곤과 2차 빈곤으로 나누었다. 1차 빈곤이란 생활에 필요한 필수적인 요건, 즉 의복, 음식, 주거, 연료 등을 구입하고 유지할 능력도 없는 수준의 빈곤을 말한다. 2차 빈곤이란 위 네 가지 필수요건을 구입 또는 유지할 능력은 있지만 그것을 다른 데술이나 담배, 도박 등 잘못된 사용도 있지만, 경조사비, 노조조합비, 통근비 등 불가피한 경우도 있다에 사용하여 유지하기 어려운 수준의 빈곤을 말한다.

라운트리의 조사에서 더욱 중요한 개념은 '빈곤 사이클poverty cycle' 5단계라는 것이었다. 그중 노동자는 유아기, 결혼 후 자녀 양육기, 노년기라는 3단계에 숙명과 같은 빈곤을 겪는다는 것이다. 이러한 개념은 국가 주도의 사회보장을 요구하는 근거가 되었다.

부스와 라운트리의 조사는 1890년 국민의 2.7퍼센트인 빈민 중 비교적 소수만을 보호하는 것에 그친 빈민구제제도가 빈곤 극복의 방안으로는 매우 부족함을 증명하여 그 뒤 빈민구제제도를 개정하는 데 중요한 역할을 했다.

비어트리스의 사회조사사업과 여성 참정권 문제

비어트리스는 1885년 3월부터 9월까지 런던 동부의 빈민가인 이스트엔드East End 지역을 조사했다. 그리고 1886년 4월 17일에 열린 부스의 최초 회의에 참석하여 "과학적 방법에 의한 사실 발견에 극도의 감격"을 맛보았다고 이튿날 일기에 썼다. 그 뒤 그녀는 평생 사회활동에 감정적 요소를 개입시키지 않았다. 그러나 그녀는 스스로 사회현상의 연구에 전혀 재능이 없다고도 했다.

따라서 그녀가 사회학적 연구를 하게 된 것은 그러한 여러 문제점을 극복하고자 쏟은 엄청난 노력의 결과였다. 그녀가 1887년 봄에 처음으로 쓴 두 편의 논문은 「영국 경제학의 탄생과 성장The Rise and Growth of English Economics」과 「카를 마르크스의 경제 이론The Economic Theory of Karl Marx」이었다(*Apprentice*437~446). 이 논문들은 1886년 여름부터 가을에 걸쳐 애덤 스미스Adam Smith, 1723~1790, 카를 마르크스, 앨프리드 마셜Alfred Marshall, 1842~1924을 연구한 결과였고, 그 뒤 웹 부부의 조사 및 연구의 기초가 된 것들이었다. 이 두 편의 논문은 『나의 도제시절』 부록에 설명되어 있으나, 한국어 번역에는 그 부록이 빠졌는데, 그 내용에 대해서는 뒤의 2부 처음에서 살펴본다.

1886년 2월, 비어트리스는 현전하는 자신의 최초 논문인 「동부 지역 실업에 대한 어느 부인의 견해A Lady's View of the Unemployed at the East」를 《팰맬 가제트*Pall Mall Gazette*》에 발표했다. 이 글에서 그녀는 실업자의 유형을 분류하고 지방자치단체의 공공사업은 실업 구제에 효과가 없다고 주장했다.

이어 1887년 9월, 부스의 빈곤조사에서 실시한 「런던 동부 지역의 부두노동자 생활The Dock Life in the East End of London」을 유명한 잡지인 《19세기*The Nineteenth Century*》지에 발표했다. 그 글에서 비어트리스는 실업자를 위한 공공사업에 반대했다. 이어 같은 잡지 1888년 8월호에 「런던 동부 지역의 봉제노동자 생활The Tailoring Trade in the East End of London」과 「봉제여공의 일기Pages from a Working Girl's Diary」를 발표했다. 이 글들은 부스의 조사보고서가 출판되었을 때 제1차 시리즈의 제3권에 '유대인 거주사회의 빈곤조사', 그리고 제4권에 '부두노동자의 생활'과 '봉제노동자의 생활'로 재수록되었다.

이어 계속 논문을 썼다. 1887년 10월부터는 착취노동을 조사하여 상원에 보내는 보고서를 썼다. 착취노동은 장시간 노동이나 저임금 따위와 같이 열악한 노동조건 아래에서 혹사당하는 노동을 말한다. 이 보고서는 《19세기》 1890년 6월호에 「상원의 착취위원회The Lords' Committee on the Sweating System」로 발표되었으며 작성 과정에서 산업노동자의 삶을 체험하는 기회도 얻었다. 그러나 자신에게 적대적이던 당시 언론이나 상원에 그녀는 분노했다. 그녀는, 그들이 그전에 만났던 박애주의자들처럼 빈곤을 근본적으로 해결하는 것이 아니라 통제나 처벌로 해결할 수 있다는 보수적인 태도를 보였다고 여겼다. 그러나 그녀는 착취제도를 모든 국민의 문제로 보았다. 즉 빈민을 만들어내는 원인은 불합리한 고용구조에 있다는 것이었다.

그런데 빈곤조사를 통해 자본주의 사회를 구조적으로 비판한 1889년에도 그녀는 여성 참정권 확보에 반대하는 서명을 했을 정도로 페미니즘에 대해 냉담했다. 많은 여성들이 이에 항의하는 편지를 보냈으나 그녀는 침묵했다. 그녀는 페미니즘 자체를 반대한 것이 아니라 그것에 대한 접근과 조직을 담당하는 여성들에게 거리감을 가졌다. 왜냐하면 그녀가 여성이라는 이유에서 어떤 불이익도 경험하지 못한 탓에 여성이 남성에게 억압되어왔다는 당시 페미니즘의 일반적 신념이 진실이라고 믿지 않았기 때문이었다. 1889년의 서명 직후 그녀는 자신의 잘못을 깨달았지만 그것을 공개적으로 사과한 것은 20년이 더 지난 뒤였다.

마찬가지로 페이비언협회에 대해서도 1888년경 알았지만 그녀가 유일하게 만난 페이비언 지도자인 애니 베전트Annie Besant, 1847~1933가 자신과 너무나도 이질적인 여성이어서 흥미를 갖지 못했다. 베전트가 국교회 목사와 결혼하고, 이어 그로부터 벗어나 찰스 브래들로Charles Bradlaugh, 1833~1891와 함께 속세주의, 개인주의, 산아제한의 사도가 되고, 다시 파업 지도자이자 사회주의자가 되었으며, 6년 뒤에는 사회주의를 버리고 신지학theosophy의 신봉자가 된 것을 합리주의자인 비어트리스로서는 도저히 이해할 수 없었다.

사회주의에 대해서도 당시 그녀는 거부했다. 그녀가 만난 사회주의자는 그녀가 싫어한 선험주의에 입각한 공론가이거나 호언장담하는 사람들, 마르크스주의자의 열광적 전도사이자 신봉자들이었다. 경험주의자인 그녀에게 마르크스 이론 중 노동가치설은 선험주의의 표상으로서 그녀가 가장 꺼리는 대목이었다. 반면 그녀는 사회적 의문에 대한 모든 연구는 가족, 지방자치단체, 교회, 노동조합 등을 포함하는 모든 사회제도의 연구에 기초해야 한다고 믿었다. 즉 연역적 경제학을 귀납적 사회학으로 대체해야 한다고 생각했다.

협동조합과 사회주의

1889년 비어트리스가 런던 동부의 착취노동에 관한 조사를 끝내자 부스는 그녀에게 여성노동에 대해 조사하라고 권했다. 신고전학파 경제학자로 당시 케임브리지대학교 경제학 교수이자 그녀의 친구이던 마셜도 마찬가지였다. 그러나 그녀는 고전경제학자가 무시하지만 현재 성장하고 있는 제도를 실증적으로 연구하고자 협동조합 조사를 택했다.

1889년 전반기에 부친을 간병하면서 그녀는 다양한 협동조합을 방문하여 여러 지도적 인물들과 면담하고 많은 회의에도 참석했다. 그리고 그해 말 집필을 시작했다. 당시 비어트리스는 분배적 협동조합을 뜻하는 소비자 민주주의democracies of consumers가 자본주의적 이윤추구를 대체할 수 있지만, 19세기 중엽 기독교 사회주의자들이 목표로 삼은 자치적 공장은 효과가 없고 조합 자체가 생산적 기업을 만들어야 한다고 생각했다.

1891년에는 랭커셔에서 겪었던 자신의 경험을 토대로 『영국의 협동조합운동』이라는 팸플릿을 출판했음은 앞에서 말한 대로다. 이는 영국의 협동조합운동에 대한 최초의 공정한 연구였다.

이어 빈곤문제에 대한 어떤 해결책을 찾기 위해서는 노동계급이 자기 자신을 위해 만든 조직, 즉 노동조합에 대해 보다 많이 배워야 한다는 것을 곧 깨달았다. 그 전해에 사회주의자들에 의한 부두노동자 파업이 일어났다. 그 직후 시드니 웹 등이 쓴 『페이비언 사회주의*Fabian Essay in Socialism*』가 출간되었다. 비어트리스는 그 책에 실린 글 중에서 특히 시드니 웹의 역사 관련 논문에 주목했다. 이어 다음 해인 1890년 1월에 비어트리스는 시드니 웹을 만났다. 그때 그녀는 그의 "철저하게 이해관계를 초월한 자세"에 감동했고, 이어 "드디어 나는 사회주의자가 되었다"고 2월

1일자 일기에 썼다.

앞에서 보았듯이 그녀가 사회주의자가 된 것은 오랜 정신적 고투의 결과로 그야말로 그녀의 피와 살, 즉 혈육이 된 것이었다. 이는 그녀의 풍요로운 인간성 위에 자연스럽게 나타난 것이고, 금욕적인 사회봉사의 정신을 과학의 달성과 결부시키고자 한 것이었다. 그녀의 사회주의 공화국 구상은 욕망에 따라 취하는 욕망의 해방이 아니라 도리어 엄격한 윤리성을 추구하는 사회봉사의 정신을 지도이념으로 한 것이었다. 그녀의 사회주의 사상은 뒤에 페이비언협회의 활동에 독특한 성격을 부여했다.

비어트리스와 시드니의 사랑은 서서히 익어갔다. 약혼은 1년 반 뒤에 이루어졌지만 발표를 할 수는 없었다. 병석에 누운 아버지에게 사회주의자와 결혼한다고 밝힐 수 없었기 때문이다. 스펜서나 부스도 이 결혼에 반대했다. 그러니 비어트리스에게 이 결혼은 그녀의 모든 것을 부정하는 것과 마찬가지였다.

아버지는 1892년 1월에 세상을 떠났고, 그들은 7월에 결혼했다. 시드니 웹이 "1과 1을 합하여 11이 된다"고 한 결혼은 만난 지 2년 만에 이루어진 것이다. 신혼여행은 노동조합 기록을 조사하기 위한 여행이었다.

3 시드니 웹의 사회민주주의자로의 성장

시드니 웹의 성장

시드니 제임스 웹은 비어트리스보다 1년 반 늦게 1859년 7월 13일, 그리고 비어트리스 집안과는 비교도 할 수 없을 정도로 가난한 런던 중심가의 중하층 가정에서 삼남매 중 차남으로 태어났다. 반드시 그러한 이유 때문만은 아니지만 앞에서 우리가 본 비어트리스에 비해 시드니의 성장에 대해서는 알려진 것도 거의 없고 연구된 바도 별로 없다. 그래서 아래에서는 지극히 간단하게 다룰 수밖에 없지만, 비어트리스가 살았던 시대적 분위기는 시드니의 경우에도 거의 그대로 해당된다는 것은 두말할 필요도 없다.

시드니가 태어나 자란 곳은 런던의 중심인 레스터스퀘어 부근으로 그야말로 싸움과 퇴폐와 빈곤으로 가득 찬 곳이었다. 이른바 런던배기Londoner로 태어난 그는 어려서부터 동네 아이들과 어울리지도 못하고 런던 시내를 구석구석 쏘다니는 것이 유일한 낙이었다. 그 결과 『런던 프로그램*The London Programme*』1891을 비롯한 런던 시정 개혁이 그의 사회주의의 출발점이 되고, 그 도시 사회주의가 페이비언 사회주의의 중추를 형성했고, 이어 그것은 영국의 새로운 사회주의 국가 구상socialist commonwealth of Great Britain으로 발전했다.

시드니의 아버지는 자유계약직 회계사였고, 어머니는 소매상점 점원이었다. 아버지는 교구위원churchwarden: 영국 국교회의 교구별 위원회 위원이자 빈민위원guardians of the poor: 빈민법에 의해 구성된 위원회의 위원으로 항상 무보수로 공적인 봉사를 했다. 아들 시드니도 아버지를 닮아 평생을 그렇게 살았다.

아버지는 존 스튜어트 밀을 지지한 급진주의자여서 아들에게 영향을 미쳤다. 영국의 급진주의자나 인도주의자들은 대부분 엄격한 종교적 분위기 속에서 태어나 자랐으나, 대도시의 상점가에서 자신의 눈으로 관찰하고 광고나 창가에 장식된 책을 통하여 독서를 익히게 된 그의 교육은 자유롭고 실제적인 것이었다. 그가 평생 엄청난 독서가로 살았던 것은 바로 그 어린 시절에서 시작되었다. 비록 계급 차이는 있었지만 시드니와 비어트리스의 공통점도 독서열이었다.

시드니는 어머니의 교육열 덕분에 15세까지 중학교, 독일과 프랑스어권 스위스의 학교를 다니며 독일과 프랑스를 잘 알게 되었고 독일어와 프랑스어를 두루 익혔다. 그 뒤에 그는 스스로 돈을 벌기 위해 학교를 그만두고 런던의 은행가에 있는 식민지 중개인의 사무소에 취직했다.

공무원과 사회교육

밀의 영향은 사상의 측면뿐 아니라, 생활의 측면에서도 나타났다. 밀이 생활보장과 학문의 계속을 위해 동인도회사에 취직한 것처럼 시드니도 공무원이 되었고 마지막에는 식민지부의 관료로까지 나아갔다. 즉 시드니가 공무원의 길을 택한 것은 공무원으로서 출세하고자 한 것이 아니라, 그것이 밀의 경우처럼 생활보장과 함께 학문의 계속을 가능하게 했기 때문이다. 이는 업무부담이 적고 공부시간과 휴식을 충분히 보장하며, 정치적 관심과 활동을 억제하지 않는 영국 고급공무원제도의 특징 덕분에 가능했다. 시드니는 고급공무원으로서 페이비언협회에 가입하여 사회주의자로 적극적인 활동을 했다.

귀족 출신이거나 사립학교 및 옥스브리지 출신이 아닌 시드니가 공무원이 될 수 있었던 것은 19세기 후반에 그가 태어났기 때문이다. 영국에서 전통적으로 전문직은 의학의 경우처럼 1850년대 확립된 직업윤리를 갖는 동업자조직을 발전시키고 법률의 도움을 받아 신규 참가에 대해 통제권을 확보했다. 그러나 기술자, 건축가, 치과의사, 교사 등과 같이 새로운 전문직은 업무 수행의 적성에 대해 객관적 기준을 만들기 위한 시험제도를 창설했다. 사립학교와 옥스브리지는 여전히 막강한 영향력을 행사했지만, 그것이 새로운 전문직에 들어갈 충분한 조건으로 여겨지지 않았다.

공무원 공개시험제도는 1870년에 시행되었다. 그때까지 관직은 지주귀족계급의 자제에 의해 독점되었다. 그 결과 공직의 부패와 동맥경화가 심각해져 행정개혁의 요구가 빗발쳤다. 시험제도 실시는 국가기구에도 경쟁원리를 도입한 것이었다. 같은 해 실시된 초등교육법과 함께, 지배계급이 하층계급으로부터도 우수한 인재를 체제의 강화와 유지를 위해 채용하고자 하는 의도를 보여주었다. 공무원과 교육의 문호 개방은 특히 중산계층의 강력한 요구였다. 이처럼 자유방임주의 시대라고 하는 1850년대에 행정혁명이 시작되었다. 그 비약적인 확대의 결과 1874년부터 1880년까지 디즈레일리에 의한 사회입법이 가능했다.

그러한 제도 변화에 시드니는 가장 적합한 사람이었다. 1876년 그는 독일어 1급자격증을 런던시립 전문학교에서 취득했다. 그 전문학교는 노동자의 직업교육 증진이라는 목적과 함께 차티스트운동을 저지하기 위해 만들어졌다. 그러나 노동자 출신은 적었고, 소수의 그들이 성직자로 구성된 이사회에 저항했기 때문에 경찰의 개입을 초래했다. 대부분의 학생들은 시드니처럼 가난한 중산계급 출신의 사무원들이었다.

뛰어난 어학 실력과 기억력을 가진 시드니는 1878년 우수한 성적으로 공무원 공개시험에 합격하여 국방부의 2등 서기관이 되었고 1년 뒤 다시 시험을 쳐서 국세청으로 옮겼다. 이어 2년 뒤 1등 서기관이 되어 식민부로 옮겼다. 당시 공무원은 대부분 연고로 취업이 되었으므로 직책 수행에 문제가 많았다. 3년 후인 1884년 시드니는 그레이스 인Gray's Inn에서 변호사 자격시험에 합격했다.

취업을 한 뒤에도 시드니는 학업을 계속하여 1878년부터 1880년까지 전문학교에서 20개의 상을 받았다. 또 런던에 있는 4개의 사회인 교육기관에도 다녔다. 그중 하나가 1879년까지 다닌 버크벡 칼리지Birkbeck College였다. 1883년에는 케임브리지의 트리니티 칼리지Trinity College에서 국제법 장학금을 받았으나 식민부를 그만둘 수 없어서 포기하기도 했다.

이러한 공무원 생활에서 시드니는 공공이라는 에토스의 젠틀맨 정신을 함양했다. 그것은 앞에서 말한 스마일스로 대표되는 개인주의 윤리부르주아 정신와 구별되는, 즉 사적 이윤의 추구에 몰두하는 시민사회의 부르주아적 타산과 배금과 물질주의를 경멸하고 전체 사회의 공공복리를 위해 통치하는 데 적합한 인격을 익히는 것이었다. 그리고 관용과 용기, 현명함과 자비심, 신앙과 품위 등을 갖는 것이었다. 한편 노동자계급은 스마일스의 예찬자인 상층부를 제외하면, 하층의 일반 노동자는 협동과 연대, 상호부조와 우애, 자치를 중시하는 문화를 형성했다. 노동자의 노동조합과 협동조합은 그런 문화에서 생겨났고, 이를 토대로 사회주의 정치문화가 형성되었다.

제테티컬협회와 쇼

1879년, 20세의 시드니는 제테티컬협회Zetetical Society에 가입하여 네 살 연상인 조지 버나드 쇼와 알게 되어 이후 60년간 평생의 친구가 되었다. 존 스튜어트 밀과 찰스 다윈, 허버트 스펜서, 토머스 헉슬리, 토머스 맬서스Thomas Malthus, 1766~1834를 숭배한 그 협회에는 종교적 관심을 갖는 불가지론자나 회의주의자, 그리고 진보적이고 지적인 하층 중산계급의 논객이 모였다. 그런 회의론자들이 모인 단체는 그전부터 많았고, 주로 노동자계급의 이교도들로 조직되었다. 그러나 제테티컬협회는 중산층을 중심으로 한 사회경제나 철학에 대한 전문적이고 진보적인 강연과 토론이 중심이었다.

1880년대의 불황 속에서 제테티컬협회에는 비관주의, 실증주의, 사회주의가 공존했다. 아르투어 쇼펜하우어Arthur Schopenhauer, 1788~1860의 책이 1880년대 초에 영어로 번역되면서 비관론은 모든 위대한 저술가들의 현대적인 사고양식이고 본질적 감각이라는 확신이 퍼졌다. 나아가 이는 감정과 사고의 인간을 그렇지 못한 인간과 구분하게 했다. 따라서 비관론은 인간혐오를 결과하지는 않았다. 도리어 훌륭한 인간이라면 빈곤과 사회악에 관심을 기울이는 실증주의적이고 사회주의적 태도가 바람직하다고 생각하게 했다.

아버지와 교육의 영향으로 시드니는 실증주의에 기울었으나 콩트주의적인 실증주의는 아니었다. 그는 수학 이외에는 고전 고대로부터 받은 것이 없다고 생각했고, 최근 400년간 지식은 그 앞의 것을 모두 합친 것보다 더욱더 진보했다고 생각했다. 특히 제임스 밀James Mill, 1773~1836과 벤담, 애덤 스미스와 맬서스, 그리고 그 종합으로서의 존 스튜어트 밀을 찬양했다. 그러나 시드니는 밀이 자연과학, 특히 생물학을 몰랐다는 점에서 역시 전 시대의 사람이라고 보았다. 그리고 동시대의 가장 위대한 지식인은 스펜서라고 생각했다. 그 점에서 시드니는 비어트리스와 같은 생각이었다.

제테티컬협회의 운영위원 13명 가운데 쇼와 시드니를 비롯한

5명이 뒤에 페이비언협회에 가입했을 정도로 두 협회는 깊이 관련되었다. 당시 쇼는 5편의 소설을 썼으나 모두 출판사로부터 거절당한 백수 문학청년이었다. 시드니를 처음 만났을 때 쇼는, 시드니가 "키가 작고 손도 발도 작은데 이마가 넓어서 나폴레옹 3세"(쇼107)와 닮았다고 말했다.

그 협회는 존 스튜어트 밀의 『자유론』이 나온 직후 그 책을 검토하기 위해 만들어진 다이렉티컬협회Directical Society에 부속된 단체로 밀과 함께 진화론의 영향을 받았다. 독서에 관한 한 비어트리스와 시드니의 공통점은 밀을 함께 읽었다는 점이었다. 그만큼 밀은 당시 영국의 젊은 지식인들에게 중요한 공통점이었다.

시드니와 쇼의 관계는 시드니와 비어트리스의 관계처럼 서로의 장단점을 보완하는 협동 관계였다. 특히 예술적으로 음악, 미술, 문학에 정통한 쇼와 달리 시드니는 그런 분야에 약했고, 반대로 사회과학이나 자연과학 등에 시드니는 쇼보다 뛰어났다. 두 사람의 관계는 파격적 역설과 견고한 상식, 자의식 과잉과 무사의 헌신, 기지 · 웅변과 근면 · 학식, 연단과 위원회의 결합이었다. 그것은 유효하고 영속적인 협력이었다.

그러나 결과적으로는 시드니보다 쇼가 이득이었다. 시드니는 음악이나 미술이나 연극에 대해 쇼로부터 얻은 바가 거의 없었다. 윌리엄 모리스의 고건물 보존운동에 열심이었던 것 외에 예술에 대해 배운 바도 없었다. 반면 쇼의 영향과 무관하게 어린 시절부터 문학작품을 즐겨 읽었다. 찰스 디킨스나 윌리엄 새커리 William Thackeray, 1811~1863, 에밀 졸라Émile Zola, 1840~1902, 특히 조지 엘리엇을 좋아했다. 이 점도 비어트리스와 같았다.

페이비언협회의 시작

페이비언협회는 스코틀랜드 출신의 미국 철학자였던 토머스 데이비슨Thomas Davidson, 1840~1900이 평화주의, 채식주의, 소박한 생활에 의해 사회를 개조하고자 1883년에 창립한 '신생활동지회新生活同志會, Fellowship of the New Life'의 한 유파였다. 신생활동지회는 이탈리아의 가톨릭 주교이자 철학자인 안토니오 로스미니세르바티 Antonio Rosmini-Serbati, 1797~1855, 러시아의 소설가인 레프 톨스토이Lev Tolstoy, 1828~1910, 미국의 자연주의 철학자인 헨리 데이비드 소로 Henry David Thoreau, 1817~1862와 초월주의 철학자인 랠프 왈도 에머슨 Ralph Waldo Emerson, 1803~1882, 월트 휘트먼Walt Whitman, 1819~1892, 러스킨의 영향을 받았다. 특히 톨스토이의 영향하에 평화주의, 채식주의, 소박한 생활을 강조했다.

영국의 아나키스트 시인이자 동성애자인 에드워드 카펜터 Edward Carpenter, 1844~1929와 채식주의자이자 동물권 활동가인 헨리 스티븐스 솔트Henry Stephens Salt, 1851~1939 등이 가입한 '신생활동지회'의 회원들 중 정치적이고 사회주의적인 사람들이 페이비언협회를 만들었고, 두 가지 모임의 공동 회원인 사람들이 많았다. '신생활동지회'는 최초의 모임을 1883년에 열어 오언의 뉴하모니를 모방한 소규모 유토피아 공동체를 남미에 건설한다는 계획을 세웠다. 그 뒤 '신생활동지회'는 경제와 도덕 중에서 무엇을 우선할 것인가를 둘러싸고 분열되었다. 도덕을 중시하는 입장이 주류였기 때문에 경제를 중시하는 입장은 페이비언협회를 창립했다. '신생활동지회'는 유토피아 건설계획을 실천하지 못했으나 창립 후 15년간 존속했다. 구성원은 100명 전후였고 《파종기 *Seedtime*》라는 계간지를 발행하여 윤리적 사회주의, 소박한 생활, 다양한 인도주의적 주제를 다루었다. '신생활동지회'는 1898년 해체되었으나 페이비언협회는 지금까지 이어지고 있으며, 1900년 영국 노동당이 창립될 때에는 861명의 회원이 대표를 보냈다.

당시 헨리 조지의 『진보와 빈곤』 등에 고무된 청년들이 '새로운 사회'를 만들기 위해 시도한 것 중의 하나가 페이비언협회였다. 쇼도 1882년 9월, 헨리 조지의 토지국유화와 단일토지세 single tax에 대한 연설을 듣고서 사회민주주의로 나아갔고 마르크스의 『자본론 *Das Kapital*』 1867에 감동받아 마르크스 연구를 시작했다.

쇼는 페이비언협회 창립 멤버는 아니었고 창립 1년 뒤인 1885년에 가입했다. 뒤에 쇼, 웹과 함께 페이비언 삼총사로 불린 시드니 올리비에Sidney Olivier, 1859~1943, 또는 그들 3명과 함께 사중주로 불린 그레이엄 월러스Graham Wallace, 1858~1932도 그들을 따랐다. 올리비에는 식민지 문제에 정통한 관료로 유명하고, 월러스는 런던대학교의 정치학 교수로 민주적이고 전문가 중심의 정부를 주장하고 정치학에서 심리적 요인을 강조했다.

시드니는 1885년 친구인 쇼의 권유로 사회주의자 단체인 페이비언협회에 가입한 뒤 집행위원회의 위원이 되었지만 당시 회원은 40명에 불과했다. 협회의 초기 성격은 아나키적이고 반역적이었다. 그러나 1880년대 중반에 노동운동이 실패한 뒤 그 전략은 침투permeation와 설득, 그리고 교육이라는 점진적이고 의회주의적인 것으로 바뀌었다.

혁명적인 변화보다는 점진적인 개혁을 통한 사회변혁을 주장했던 이 협회의 이름은 고대 로마의 파비우스 막시무스Quintus Fabius Maximus, 기원전 280~203 장군의 전술에서 비롯되었는데, 그는 카르타고의 한니발Hannibal, 기원전 247~183? 장군의 침입에 맞서 전면전보다는 질질 끄는fabius라는 말에 지연하는 사람이라는 뜻이 있다 지구전 전술을 구사했다. 로마에 승리를 안겨준 일등 공신은 자마 전투의 승자인 스키피오 아프리카누스Scipio Africanus, 기원전 235~183가 아니라 지연자 파비우스였다는 것이다.

그러나 실제로 로마 역사에서는 파비우스가 한니발과 치열하게 싸운 적이 없고, 한니발이 자멸했기 때문에 로마가 전쟁에 이겼을 뿐이라고 한다. 따라서 혁명적 사회주의자들은 페이비언주의란 그 투쟁 대상이 죽을 때까지 기다리는 것으로, 자신의 힘으로 개혁을 하고자 하는 것이 아니라고 비판하면서 공공 관리하의 두 서비스 품목에 빗대어 '가스와 수도의 사회주의'라고 조소했다.

페이비언주의의 형성

모든 이념단체가 그러하듯이 페이비언협회가 독자적인 이념을 확립하는 데에는 몇 년의 시간이 필요했다. 이를 살펴보기 위해 당시 영국의 사회주의 단체에 대해 설명할 필요가 있다. 먼저 사회민주연맹Social Democratic Federation이 있었다. 그것은 1881년 헨리 메이어스 하인드먼Henry Mayers Hyndman, 1842~1921 주도로 결성된 영국 최초의 마르크스주의 단체인 민주연맹Democratic Federation에 모리스 등이 참가하여 1884년 창립된 사회주의 단체로, 토지·철도·은행의 국유화와 초등교육 무상화 등의 사회주의적인 요구를 하고 마르크스주의 이론의 소개와 조직화에 노력했다. 기관지 《정의*Justice*》를 발행하고 1886~1887년의 런던 데모를 주도하기도 했으나 점진적인 페이비언협회에 비해 여론의 지지를 받지 못해 급속히 쇠퇴했다.

그러나 하인드먼의 경직된 전략과 원칙에 반발해 1884년 말 모리스 등이 탈퇴해 순수한 사회주의 원리에 입각해 사회제도의 급격하고 근본적인 변혁을 요구한 사회주의자동맹Socialist League을 만들었다. 그들은 의회활동은 물론 공장법, 사회보험, 노동조합 등 혁명적이지 않은 모든 개량적 정책에 반대했다. 그러나 조직과 실천의 미비로 인해 성공적이지 못했고, 1887년부터 아나키스트들이 지도부를 장악하여 분열하기 시작했다. 결국 1888년 의회주의자들은 동맹을 탈퇴하여 사회민주연맹에 복귀했다.

이처럼 다른 두 개의 경쟁단체와 거의 같은 시기에 페이비언협회가 출발한 이유는 다른 두 개 단체가 더욱 프롤레타리아적이었던 반면, 페이비언협회 사람들은 대부분 중산층이었기 때문이다. 이러한 구별을 더욱 분명하게 한 사건이 1885년 총선 때 발생한 '토리 골드 사건', 즉 보수당토리당이 자유당의 득표를 방해하고자 사회민주연맹의 후보들에게 선거자금을 제공하여 그 후보들이 낙선한 뒤 사회민주연맹이 몰락하기 시작한 사건이었다. 이 사건에 대해 사회주의자동맹은 물론 페이비언협회도 비난을 퍼부었고, 특히 페이비언협회는 이 사건을 계기로 사회민주연맹은 물론 사회주의자동맹과 같은 사회주의 단체와 완전히 절연했다.

페이비언협회의 독자성을 더욱 강화한 것은, 위에서 1880년대 중반의 노동운동이라고 한 1886년 11월 13일 경찰과 군대가 수천

명의 데모대를 강제 진압하면서 발생한 유혈사태, 즉 '피의 일요일Bloody Sunday' 사건이었다. 당시의 심각했던 실업문제에서 비롯한 이 사건은 토리 골드 사건으로 위기에 봉착한 사회민주연맹에 재기의 기회를 주었다.

그 가두 행진의 맨 앞줄에는 모리스가 섰다. 카펜터도 쇼도 베전트도 그를 따랐다. 그러나 경찰이 방망이를 휘두르자 모두들 도망쳤다. 결국 2명이 죽고 100명 넘게 부상을 당했다. 시위가 끝난 뒤 쇼는 모리스에게 편지를 썼다. 더는 가망 없는 가두 싸움을 벌이지 않도록 모든 힘을 동원해달라는 내용이었다. 혁명을 기대했던 모리스도 충격을 받았다.

쇼는 그 일을 통하여 에이브러햄 링컨Abraham Lincoln, 1809~1865이 말한 민주주의의 정의 중에서 '국민에 의한 정부'라는 것을 더 이상 믿지 않고 정치는 아무나 하는 것이 아니라 전문가가 하는 것이며, 심지어 일반 국민이 지도자를 선택하도록 해서도 안 된다고 믿게 되었다. 엘리트주의자가 된 것이었다.

이러한 엘리트주의는 입회에 엄격한 심사 절차가 따랐고, 협회의 정기모임이 회원들 집의 응접실에서 열리는 사정과도 관련되었다. 회원이 되려면 다수가 들어갈 수 있는 큰 응접실을 소유해야 했다! 이를 두고 사회민주연맹은 페이비언협회를 '응접실의 사회주의자들'이라고 비난했고, 실제로 유능한 사회주의자들을 배제하는 결과를 초래하기도 했지만, 회원들의 동질성을 유지하면서 대중운동과는 다르게 사회주의를 위한 조사 및 발표 등을 목표로 한 협회의 취지에 충실하게 만든 긍정적인 측면도 있었다.

페이비언협회의 기본원칙

페이비언협회는 창립 3년째인 1887년 '페이비언협회의 기본원칙 The Basis of Fabian Society'을 제정했다. 그것은 다음과 같이 시작한다.

> 페이비언협회는 사회주의자로 구성된다. 따라서 협회는 토지와 산업자본을 개인과 특정 계급의 손에서 해방하여 일반이익과 공동사회에 귀속시켜 사회를 재편함을 그 목적으로 한다.

즉 토지재산과 산업자본의 사유제를 즉각 폐지하여 지배와 이자를 노동의 보수에 보태면 "현재 타인의 노동에 의존해 사는 게으른 유산계급은 필연적으로 그 모습을 감출 것이고, 그 결과 개인적 자유에 대해 현 체제보다 월등히 적은 경제력의 자발적 활동에 의해 사회의 참된 평등은 유지될 것"이라고 하고, 다음과 같이 끝을 맺었다.

이러한 목적을 달성하기 위해 페이비언협회는 사회주의적 견해의 보급에 노력하면서 그 결과인 사회적 및 정치적 변혁을 희망한다. 협회는 경제적 · 윤리적 · 정치적 상황에서 개인과 사회의 관계에 대한 지식을 일반인에게 보급하여 그 목적 달성을 기대한다.

1907년에는 위 문구 중 '노력하면서' 다음에 '남녀평등의 시민권 확립을 포함한'이라는 구절이 더해졌다. 그리고 1919년에는 협회가 노동당과 국제사회주의의회International Socialist Congress의 구성원이라는 점과 선전, 조사 및 실천활동 등이 추가되었다.

위의 기본원칙만을 보면 정통 마르크스주의의 이념과 크게 다르지 않음을 알 수 있다. 즉 무엇보다도 경제적 평등을 강조하면서 생산수단의 무상몰수까지 주장하기 때문이다. 이러한 협회의 기본 이념은 협회가 발간하던 소책자페이비언 트랙트 등으로 더욱 구체화되었는데, 이에 대해서는 뒤의 제2부에서 상세하게 살펴보도록 하겠다.

신노조운동

페이비언협회에서는 1887년까지 아나키스트 등을 내쫓았다. 그 뒤 협회의 방식은 합법적인 것으로 바뀌었다. 그래서 모리스 등의 반反의회주의적인 사회주의운동 방향과는 완전히 다르게 되었다. 여하튼 비숙련공들의 급진적 노조운동인 신노조주의운동은 '피의 일요일'에서 비롯되었다. 그리고 1888년 런던에서 파업이 시작되면서 신노조운동은 발전하였다.

신노조운동에 대해 페이비언협회는 회의하고 사회민주연맹은 경멸했으나, 그 각각에 속한 회원들은 신노조운동의 실천에 앞장섰다. 신노조운동에 불을 당긴 1888년 성냥공장 파업도 베전트가 여공노동의 참상을 고발하면서 시작되었고 여공들의 승리로 끝났다.

특히 1889년 런던 부두 대파업은 3만 명의 비숙련 노동자들에 의한 무노조 파업이었지만 3만 명의 노동자들이 추가로 가담할 정도로 대규모로 이루어졌고, 파업사상 최초로 중산층을 비롯하여 일반 국민의 지지를 받았다. 이러한 여론의 변화는 노동조합운동에만 영향을 끼친 것이 아니었다. 부두 파업의 성공은 사회 최하층의 불만을 지지하는 신조합주의를 낳았다. 이는 사회주의와 노동조합주의의 융합을 여론이 승인한 것을 뜻했다. 나아가 그것은 노동조합운동과 국가의 관계에도 큰 변화를 초래했다. 즉 차티즘 이후 가장 중요한 노동자운동이었던 그 파업 뒤 2년 만에 노동조합의 조합원 수는 거의 두 배인 150만 명으로 늘었고 노조 내부의 통합도 진전되었다.

이처럼 신노조주의가 사회에 제기한 문제는 노동해방과 빈곤 제거에 대한 국가의 책무였다. 그러나 1890년까지 새로 조직된 신노조의 조합원 수는 10만 명 정도에 불과했고 대부분의 신노조원은 기존의 거대노조에 편입되었으며 그 수도 계속 감소했다. 신노조주의가 1910년대의 생디칼리스트 운동을 비롯한 혁명적 노동정치로 나아가는 기폭제가 된 것은 분명하지만 신노조주의 시기의 노동자는 극빈 상태조차 벗어나지 못한 상황에서 하루하루를 연명하기에 급급했다. 비어트리스가 부스의 조사사업에 참여해 목격한 것이 바로 그런 현실이었음을 앞에서 보았다. 이는 로버트 번스Robert Burns, 1759~1796가 '과학적으로' 무시되었다고 한 당시 실업 현실에 대한 '과학적' 반발이었다.

『페이비언 사회주의』

시드니는 페이비언협회 초기의 결의문, 선언서, 논문, 팸플릿 등을 많이 작성했으나 대부분 무기명이었다. 그만큼 시드니는 사적인 명성에 무관심했다. 그 점을 비어트리스도 높이 평가했으나 자신은 좀처럼 실천하기 어려운 것이었다. 따라서 두 사람은 상호보완적이었다.

시드니는 페이비언협회를 위해 1887년 『사회주의자를 위한 사실*Facts for Socialists*』, 그리고 1889년 『런던 사람들을 위한 사실*Facts for Londoners*』이라는 소책자Fabian Tract Nos. 5, 8를 출판했고 1889년 『페이비언 사회주의』의 '역사' 부분을 집필했다. 그 글에 감동한 비어트리스 포터와 그가 1892년에 결혼했음은 이미 앞에서 말했다. 그 전에 비어트리스는 물론 그녀 주위에 있던 누구도 시드니에 대해 몰랐다. 그래서 당시 비어트리스가 쓰레기통에서 남자를 주워 억지로 결혼했다는 풍문이 떠돌았음도 앞에서 본 대로다.

『페이비언 사회주의』는 쇼가 편집하고 페이비언협회가 자비로 출판한 책으로, 그 내용은 런던에서의 강연 모음이었다. 그것은 일반인이 아니라 지식인을 상대로 하여 '사회주의의 기초와 전망'이라는 제목으로 행해진 일련의 강연이었다. 강연에 대한 반응은 저조했다. 특히 당시 선풍적인 인기를 끈 카펜터의 『문명: 그 원인과 치료*Civilization: It's Cause and Cure*』1889에 비하면 아무것도 아닌 편이었다. 당시 런던에 유학했던 인도의 마하트마 간디Mahatma Gandhi, 1869~1948도 카펜터의 책은 읽었지만 페이비언협회에 대해서는 전혀 관심이 없었다.

그 책은 협회로서는 처음으로 내는 단행본이었는데, 출판을 담당할 출판사도 찾지 못해 자비 출판을 해야 했다. 그러나 예상과 달리 1889년 출간 즉시 대단한 반향이 있었고 1년도 안 되어 2만 5,000부나 팔렸다. 그런 반향의 요인으로는 출간 직전의 런던 부두 대파업과 그로 인한 사람들의 사회주의에 대한 관심의 증대라는 현상과 함께 사회주의 관련 서적의 절대적 부족이라는 독서계의 현실이 있었다. 마르크스의 『자본론』 영역본은 출판되기 전이었고 사회주의 관련 서적으로는 헨리 조지의 『진보와 빈곤』 정도뿐이었으나, 그 책을 사회주의 서적으로 보기 어렵다는 것은 앞에서 말한 대로다. 따라서 『페이비언 사회주의』는 영국 최초의 사회주의 책이라고 해도 과언이 아니다.

영국뿐만 아니라 세계적으로도 선구적인 사회주의 책으로 주목받아 1891년 네덜란드어 번역, 1896년 노르웨이어 번역, 그리고 1897년 독일어 번역판이 나왔다. 그 뒤 여러 나라 번역을 거쳐 마침내 117년이 지난 2006년, 한국어로도 출판되었다. 이는 한국의 수준, 특히 사회민주주의 및 복지국가와 관련한 수준을 보여주는 것이다.

한국어판 번역자는 페이비언협회를 "현존하는 최고最古의 사회주의 싱크탱크"(페이비언9)라고 한다. 『페이비언 사회주의』의 차례와 저자는 다음 7명으로 당시 협회 집행위원회 구성원들이었다.

1부 사회주의의 기초

1장 경제 버나드 쇼

2장 역사 시드니 웹

3장 산업 윌리엄 클라크

4장 도덕 시드니 올리비에

2부 사회의 조직

5장 사회주의하에서의 소유그레이엄 월러스

6장 사회주의하에서의 산업애니 베전트

3부 사회민주주의로의 이행

7장 이행버나드 쇼

8장 전망허버트 블랜드

앞에서 설명한 6명 외에 허버트 블랜드Hubert Bland, 1855~1914는 페이비언협회의 창립 멤버였던 언론인으로 보어전쟁과 같은 제국주의 정책을 지지하기도 했다. 7명의 필자들은 위 책의 글을 썼을 때 모두 30대였다. 책이 나온 4년 뒤에 탄생한 독립노동당Independent Labour Party은 그 책에 따라 이념을 수립했다.

시드니가 쓴 2장 '역사'의 원래 제목은 '민주주의적 이념의 발전'이었다. 이 글에서 그는 민주주의적 이념은 단순히 정치민주주의의 확산에 의해서가 아니라 사유재산의 사회화를 통한 사회민주주의로서 달성되어야 한다고 주장했다.

콜이 지적했듯이 시드니의 글은 페이비언협회의 사상이 벤담과 밀의 공리주의에서 비롯되었음을 보여주었다. 시드니는 벤담을 비판했지만 그것은 벤담의 슬로건이었던 '최대다수의 최대행복'을 부정한 것이 아니라, 그런 이상 실현을 위해 그가 제시한 방법이 부적절하다는 비판이었고, 벤담의 슬로건은 사회민주주의에 의해서만 가능하다고 시드니는 주장했다. 따라서 러시아혁명과 같은 것에 반대하는 반혁명적이고 점진주의적인 것이었다. 한편 경제민주주의는 집단적 소유로만 인식되었고 그것이 노동조합 등에 의해 이루어지는 것을 완전히 무시한 점에서 문제가 있었다.

이 책의 내용에 대해서는 아래의 2부에서 다시 상세히 보도록 하고, 여기서는 이 책이 나온 2, 3년 뒤에 페이비언협회의 가입자가 놀라울 정도로 증가했다는 사실만을 언급해둔다. 콜이 말하듯이 "거기에는 정의의 신념을 가지고 성공을 확신하며, 번득이는 풍부한 예지를 갖추고 사색을 즐기는 동료들과 긴밀히 협력함과 동시에 신랄한 토론을 하는 기쁨이 있었다."(콜97) 또 브릭스가 말했듯이 "『페이비언 사회주의』를 새로운 사회주의 철학 내지 사회주의의 이론과 실제에 관한 새로운 사고양식으로 만든 것은 바로 웹이었다"는 점도 주목할 필요가 있다.

4 웹 부부의 사회민주주의 잉태
— 노동조합, 교육, 복지

1890년대의 결혼

20세기로 바뀌기 전의 19세기 말은 지금 흔히 불안한 세기말이라고 불리지만, 당시에는 조화와 평화의 시대였다. 그 정점인 1897년은 빅토리아 여왕의 통치 60년으로서 그날을 축하하는 잔치가 화려하게 열렸다. 당시 영국은 세계를 지배하는 대국 중에서도 가장 풍요한 나라였다. 빅토리아 여왕이 4년 뒤 죽고 즉위한 59세의 에드워드 7세는 그 시대를 반영하는 '명랑' 왕이었다. 영국인은 왕을 본받아 자신들의 부를 즐겼다. 다른 나라도 대체로 마찬가지였다. 그것은 진보의 시대 마지막이었다.

빅토리아 시대는 사실상 1870년대를 지나면서 침체하기 시작했다. 미국과 독일이 영국의 경쟁국으로 등장했다. 기업 간의 연대와 합동으로 인한 미국의 자본집중과 노동탄압이 영국에도 불어닥쳐 노동운동을 침체시킬 것이 분명해 보였다. 특히 신노조주의운동과 같은 급진적인 노동운동이 급격하게 침체했다. 자본과 노동은 극단적으로 대립했고 중산층과 경찰의 탄압이 극심해졌다. 결정적인 사건은 1893년 법원에 의한 피케팅의 불법화와 파업에 대한 민사배상의 인정 판결이었다. 같은 해 기계노조의 파업 실패는 1926년 총파업 실패 이전의 최대 참패였다. 그럼에도 자유당은 아일랜드문제에 몰두하여 노조문제에는 무관심했다.

웹 부부가 탄생한 1892년도 진보의 시대 마지막에 속했지만 그들은 더 이상 자본주의자가 아니었다. 비어트리스는 결혼한 지 1년 이상이 지난 1893년 중순경까지도 페이비언협회에 가입하지 않았다. 시드니는 페이비언협회 일로 바빴지만 비어트리스는 그의 일에 전혀 참여하지 않았다. 그러나 그녀는 당시 뛰어난 여성들과 달리 결혼 뒤 자신의 성을 포기하고 시드니의 성을 따랐다. 부스를 비롯한 오랜 친구들과도 절연하고 시드니의 동료들과 결혼했다고 할 정도로 남편과 그의 동료들에게 헌신했다. 앞에서 말했듯이 스펜서와는 소원해졌으나, 그녀는 스펜서가 죽을 때까지 그와의 관계를 유지했고, 11년 뒤 그의 임종이 가까워졌을 때에는 몇 주 동안이나 그의 곁에 머물렀다.

웹 부부는 결혼 전부터 공동 비서로 페이비언협회의 사무장이었던 골턴을 1919년부터 1939년까지 채용하고, 노동조합 일을 함께했으며, 특히 혀를 내두를 정도의 말솜씨로 소문난 합동 인터뷰를 개발했다. 생활비는 비어트리스의 상속금인 연 1,000파운드로 충당했는데 당대의 중산계급 수준이었다. 그것은 비서나 가사 종사자를 두고 휴가에는 여행도 갈 정도의 액수였다. 그들은 아이를 낳지 않았고 부부 모두 검소했기 때문에 크게 부족하지는 않았다.

결혼 직후 그들은 아파트에 살았으나 곧 연간 100파운드 집세인 그로버너Grovenor가 주택으로 이사하여 만년인 1923년에 햄프셔Hampshire의 페스필드 코너에 있는 집에서 은퇴를 맞을 때까지 30년을 살았다. 결코 아름답거나 넓었다고 할 수 없었던 그 집은 제2차 세계대전 공습으로 파괴되었다. 그 부근에 지금은 테이트 미술관이 있지만 웹 부부가 살던 당시에는 빈민굴이었다.

그들은 비서와 함께 아침 식사를 일찍 끝내고 식탁에서 그대로 하루 일을 시작하여 오전을 공동연구로 보냈다. 최초의 공동작업은 노동조합 연구였다. 그들의 모든 연구는 출처를 완벽하게 밝히고 공정하게 서술한다는 점을 특징으로 했다. 오후에는 각자의 일을 보았다. 결혼 초기에 시드니는 런던의회 의원으로 당선되어 집 부근의 런던의회에 주 5일간 나갔고, 비어트리스는 다양한 일을 했다. 따라서 시드니는 지방자치에 대한 관심이 높았다. 특히 시드니는 도시사회주의, 즉 '가스와 수도의 사회주의'를 신봉했다. 그것은 페이비언협회의 정책이기도 했다. 그것이 아돌프 히틀러Adolf Hitler, 1889~1945의 독일이나 러시아식 국가사회주의 내지 국가통제주의와 구별되는 영국식 사회민주주의의 특징이었다.

일상생활에서 웹 부부는 전통을 존중하는 보수적 태도를 유지했다. 페이비언협회도 마찬가지였다. 그들은 'B급'에 속한다고 자처했다. 즉 그들이 'A급'이라고 한 버트런드 러셀Bertrand Russel, 1872~1970이나 콜과 같은 '귀족적 · 아나키즘적 · 예술가적인' 사람들과 달리 '부르주아적 · 관료적 · 자비로운' 유형이라는 것이었다(콜111). 그러나 적어도 비어트리스의 경우 관료적이지는 않았고 부르주아적이라기보다 도리어 귀족적이었다.

사회민주주의자들의 집

헤스케스 피어슨Hesketh Pearson, 1887~1964은 1940년에 쓴 쇼의 전기에서 웹 부부의 집을 다음과 같이 묘사했다.

> 그 집은 곧 영국 사회주의자들의 사교 중심지로 떠올랐다. 그곳에서는 젊은 대학생들이 한창 주가가 오르고 있는 정치인들과 만났고,

야심만만한 가난뱅이가 의로운 부자와 어울렸으며, 훌륭한 무명인사가 멍청한 유명인사와 대화를 나누었다. 계층과 직업, 신념이 다른 사람들이 한자리에서 만나 미래의 노동당 지도자들에게 정신적인 토양을 제공했다. 집과 연회는 집주인과 안주인의 개성을 드러냈다. 응접실은 가능한 한 많은 사람들을 들이기 위해 극도로 간소하게 꾸며졌고, 음식은 심하게 소박해서 고르고 말고 할 것도 없었다(쇼273).

이처럼 그들의 집은 사회주의자들만이 아니라 모든 사람을 위한 자유롭고 평등한 사교장이었지만 문제가 전혀 없는 것은 아니었다. 특히 비어트리스는 "논쟁적인 태도로 사회의식이 결여된 사람들을 경멸하고 성적 일탈을 비난함으로써 종종 사람들의 반감을 샀다. 특히 여자들이 그녀를 두려워하고 싫어했다."(쇼274) 비어트리스도 여자들을 싫어했다.

페이비언들은 "그들의 논쟁이 종종 어찌나 격렬했던지 그 현장을 목격한 방문객들은 그들이 화를 내며 타협이 불가능한 싸움을 하고 있다고 생각했다."(쇼277) 그러나 웹 부부는 두 명 이상이 모이는 곳이면 어디에서나 인류의 진보에 대해 연설했고, 그래서 1년에 700회 이상의 강연이 이루어졌다.

또한 부부는 진보를 위해서는 언제 어디에서나 발 벗고 나섰다. 시드니는 1891년 자유당 전당대회에 '뉴캐슬 프로그램'을 제안하고 쇼가 그것을 밀어붙였다. 그것은 당시 영국에서 가장 진보적인 내용의 정책이었는데, 영국에서 처음으로 정책선거를 가능하게 만들었다. 마찬가지로 독립노동당의 첫 회의에서 핵심 강령을 당수인 케어 하디에게 강요하다시피 했다. 이처럼 그들은 진보를 위해서는 어떤 일도 마다하지 않았다. 어떤 의제에 대한 타협을 거부하여 의원 선거에서 낙선한 '조'라고 하는 노동당 후보에 대해 쇼가 했던 말을 들어보자.

> 타협으로 더럽혀지고, 기회주의로 얼룩지고, 편의주의로 곰팡이가 피고, 토리와 자유당 언론에 기고한 글로 욕먹고, 여러 자치구 선거의 진흙탕에 질질 끌려다니고, 막후 조종 때문에 형체 없이 늘어지고, 부지불식간에 부패되고, 여기서 밀고 저기서 막으며 25년 동안 너덜너덜해진, 나 자신의 불행한 인격을 돌아보고 든 생각인데, 조는 인격이란 걸 가질 여유조차 없는 수백만의 가난한 사람들을 봐서라도 자신의 하얀 옷에 오점 한두 개 남는 것쯤은 참았어야 했다. 가난한 사람들이 왜 그런 괴물이 되었겠나. 의회에 그들을 대변해줄 친구가 하나도 없기 때문이다. 이! 이 인습에 찌든 샌님들이라니! 이 고매한 양반들아! 잘났다 정말!(쇼279~280)

마가렛 콜이 비어트리스에 대한 책의 결론에서 웹 부부는 평생 한 번도 자신들의 이익을 추구하지 않았다고 한 말에 나는 동감한다. 그녀는, 그들이 경제적 이익을 추구하지 않은 것은 물론이고 온갖 비난이나 모욕에도 전혀 악의를 갖지 않고 인내했으며, 특히 소위 진보적인 자들의 허영심이나 원칙 투쟁 등이 빚어내는 파벌로부터 초연했다고 했다. 이는 웹 부부뿐 아니라 그들의 동료에게도 해당되는 것임을 『페이비언 사회주의』 1920년판 서문에서 페이비언협회에 대해 시드니가 다음과 같이 말한 점으로도 알 수 있다.

> 우리가 속했던 페이비언협회는 당시에 이미 출범한 지 6년이 지났지만, 여전히 사무실도 유급간사도 없었으며 몇 명 되지 않은 회원들이 기자나 하위공무원으로서 벌어들이는 변변찮은 소득에서 떼어낸 기부금이 수입의 전부였다. 우리는 일용할 양식을 스스로 벌고, 남는 시간 전부를 독서와 대화에, 즉 정부간행물에서 미술, 역사와 정치에서 소설과 시에 이르는 모든 것을 연구하며 우리들끼리, 그리고 우리의 말을 들으려는 모든 사람 앞에서 끊임없이 토론하고 강연하는 데 바쳤다(페이비언47~48).

20대 웹 부부의 삶의 방식은 평생 변하지 않았기에 더욱 감동적이다. 여기서 페이비언협회가 소박한 생활을 꿈꾼 신생활동지회에서 출발했다는 점을 다시 강조하고 싶다. 물론 가난한 소매상 집안 출신인 시드니는 처음부터 소박한 생활을 했고, 그와 달리 비어트리스는 재벌가 딸이었지만 역시 처음부터 소박한 생활을 했다. 이처럼 소박한 생활을 꿈꾼 두 사람에게 사회적 계급은 그리 중요한 일이 아니었을지 모른다.

『노동조합운동의 역사』

결혼 이후 웹 부부는 런던에서 30여 년간 공동의 사회연구와 정치활동에 몰두했다. 일생 중에서 가장 왕성한 활동기였던 이 시기에 사회연구는 노동조합, 지방자치제도, 빈민법을 중심으로, 정치활동은 교육개혁과 빈민법 개혁 중심으로 이루어졌다.

공동연구의 최초 결실인 두 권의 대작 『노동조합운동의 역사 *The History of Trade Unionism*』1894와 『산업민주주의 *Industrial Democracy*』1897 이후 그들은 역사적 · 사회적 연구, 교육적 · 정치적 개혁, 언론 부문에까지 활동영역을 넓혔다.

그들의 첫 합동 저술인 『노동조합운동의 역사』는 지금 노동조합사 연구의 고전으로 찬양되고 있고 "그 시야의 넓이에서나 짜임새의 정확함에서, 그리고 진정한 관심이라는 점에서" 그 책을 넘어서는 책은 없지만(콜122), 그 책이 나온 19세기 말에는 사람들 대부분이 노동조합에 대해 잘 몰랐고 알았다고 해도 대단히 부정적 편견에 물들어 있었다. 따라서 그 책이 나오고 1세기가 지난 20세기 말의 한국과 비슷했다고 해도 과언이 아니다.

19세기 당시 영국을 지배한 자유주의적 개인주의자들이 노동조합은 유해하고 위험한 존재, 또는 적어도 기형적 존재, 즉 존재하지 말았어야 하는데 불행하게도 존재하는 것이므로 정부는 협조적 조합은 적당히 장려하되 비협조적 조합은 철저히 통제해야 한다고 주장한 점도 20세기 말 한국의 지배층이나 여론과 유사했다. 앞에서 보았듯이 『페이비언 사회주의』에서도 노동조합은 중요하게 다루어지지 않았다. 『노동조합운동의 역사』는 물론 『산업민주주의』가 출판되었을 때에도 노동조합을 중시하는 태도를 비웃는 비판들이 빗발쳤다. 콜은 노동조합에 대한 많은 저술들이 나오고 있는 20세기 후반에 와서야 그런 태도가 비로소 없어졌다고 했다(콜121).

『노동조합운동의 역사』는 웹 부부의 공저이지만 페이비언협회의 합작품이기도 했다. 즉 월러스는 1장, 쇼는 2~3장을 고쳤다. 웹 부부는 자신들의 책을 언제나 친구는 물론 사상의 적들에게도 출판 전에 열람하게 하고 그들의 의견을 들었다.

이 책 처음에서 웹 부부는 노동조합을 "임금노동자들이 그들의 여러 고용조건을 유지 또는 개선할 것을 목적으로 하는 항상적인 단체"(운동사, 상, 15)라고 정의했다. 그러나 1920년판에서는 '고용'을 '노동생활'로 바꾸었다. 또 웹 부부는 같은 판에서 이 정의가 자본주의나 임금제도의 항구적 존속을 뜻한다는 이유에서 거부되어왔으나 본래 그런 의미를 의도한 것은 아니었고, 19세기 내내 노동조합은 사회적 · 경제적 단계의 혁명적 변화를 열망해왔다고 주장했다.

그리고 이어 영국의 노동조합은 19세기에 별안간 생긴 것이 아니라 거의 200년의 역사를 갖는다고 주장했다. 또 영국과 달리 유럽 대륙에서는 중세의 직인조합association of journeymen이나 그 이전에 노동조합 정신이 나타났다고 했다. 이어지는 책의 상세한 내용에 대해서는 뒤에서 다시 설명하도록 하고 여기서는 중요한 문제점만 기록한다.

먼저 웹 부부는 아나키적인 것을 낮게 평가한 탓에 오언의 노동조합 지도자로서의 영향을 무시했다. 또 그들은 노동조합 지도자들이 정치적 지도자가 될 수 있다고 보지는 않았다. 당대의 복잡한 노동조합 지도자들의 사정에 대해 지금 우리가 상세히 살펴볼 필요는 없지만, 당시의 웹 부부는 상당히 보수적인 입장이었음을 부정할 수 없다.

『산업민주주의』

웹 부부의 『산업민주주의』는 노동운동의 '성전'아마도 '고전'보다 더 높은 가치가 있다는 뜻이리라으로 불릴 만큼 유명하다고 하지만, 철학이나 종교나 문학 등 소위 인문 분야가 아닌 사회과학 분야의 120년 전 책이 과연 얼마만큼 현재적 가치를 가질 수 있을까. 아마도 그래서 지난 120년 동안 우리말로 번역되지 못했을 것이다. 게다가 우리와는 노동조합 구조가 매우 다르고 복잡하기 짝이 없는 영국의 19세기 이야기다. 또 그 제목이 산업민주주의이지만, 오늘날 노동조합이 자본주의 사회에 구조적으로 편입되어 있음을 인정하고 제한적으로나마 노동자의 발언권이나 경영 참가권을 강화하려는 현대 산업민주주의와도 그 내용은 상당히 다르다.

그러나 이 책은 노동운동을 정치적 민주화의 기본이자 산업민주화의 연장이고, 경영자 독재를 극복하고자 하는 경영민주화의 일면으로 본 점에서 19세기 말 노동조합을 통한 민주주의 문제만이 아니라 21세기 초의 한국에서도 중요한 시사점을 줄 수 있다. 즉 이 책은 노동조합운동이 노동자들로 하여금 교섭에 참가하도록 함으로써 노동자들의 자유를 강화하고, 생활수준 및 작업환경을 스스로 개선하게 해야 한다고 주장한다. 노동자들이 교섭력을 상실하게 되면, 자유롭고 평등한 사회의 기본적 규칙이 깨져, 종속적이고 노예적인 상황에 처하게 된다고 우려하면서, 노동운동은 정치적 민주화뿐 아니라 산업사회의 민주화를 이루는 데에 필수적이라는 이론적 근거를 제시한다.

『산업민주주의』는 한마디로 노동조합의 운영에 대한 책이다. 즉 1부에서는 노동자가 어떻게 서서히 고통 속에서 운영상의 효율을 조합원에 의한 통제와 조화시키는 기술을 확보해왔는가를 분석한다. 이어 2부에서는 상호보험, (두 사람이 처음 사용한 말인) 단체교섭, 입법 조치, 그리고 지금은 일방적이거나 자주적인 직무규제라고 부르는 다양한 제한이나 틀이라는 운동 방법을 특정하고 설명하면서, 노동조합이 어떻게 기능하는지에 대한 매우 상세한 해설을 제공한다. 그리고 3부에서는 여러 운동 방법이 갖는 경제학적 의미를 평가하고 특히 노동조합운동이 민주주의에 필수적인 것이라고 주장하며 결론을 맺는다.

사회민주주의 교육개혁

『산업민주주의』를 완성한 1898년, 웹 부부는 미국과 캐나다의 민주주의를 살펴보기 위해 6개월간의 여행을 떠났으나 그 뒤 그것에 대한 저술을 남기지 않은 것을 보면 크게 인상적인 여행이 아니었던 것으로 짐작된다. 웹 부부는 그 뒤에도 많은 나라를 여행했지만 만년의 러시아 여행 외에 특별한 저술을 남기지 않았다.

귀국 후 그들의 관심은 교육으로 향했다. 교육에 대해 그들은 그전부터 관심이 컸다. 즉 1892년부터 1910년까지 런던 시의회에서 활동했던 시드니는 기술교육위원회 위원장으로 12세 이상 아동의 중등교육에 관련하여 중요한 일을 하고 있었고, 직접 담당한 것은 아니지만 초등교육 및 대학교육에도 관심이 컸다. 선거에서도 그는 유권자에게 크게 호소력이 없는 교육정책의 공약 작성에 힘을 기울여 '노동운동 교육정책사의 금자탑'이라는 칭송을 들었다.

동시에 웹 부부는 자유당 정치인인 리처드 홀데인Richard Haldane, 1856~1928과 함께 런던정치경제대학교London School of Economics and Political Sciences를 설립했다. 그 계기는 페이비언협회의 어느 회원이 자살하면서 남긴 약 1만 파운드의 유산이었다. 그 관리위원회의 위원장이 시드니였다. 페이비언협회 내부에서는 그 돈을 독립노동당 지원을 위해 사용해야 한다는 등의 의견이 있었지만, 관리위원회는 협회가 아니라 사회주의에 대한 지방강연과 런던에 경제학 연구 시설을 설립하는 데 사용한다고 결정했다.

당시 런던에 소재한 대학들에서 경제학 연구는 지극히 빈약했다. 가령 킹스칼리지King's College의 경우 명목상의 교수직은 있었지만 학생은 20명도 되지 않았고 그 반은 유색인이었다. 비어트리스는 대학 설립을 위한 기금 모집을 비롯하여 대학의 발전을 위한 일에 적극 나섰다. 그래서 런던정치경제대학교는 한동

안 '웹의 집Webberies'으로 알려졌다. 그러나 웹 부부는 그곳에 정치적 이념을 부여하려고 하지는 않았다. 대학의 설립목적은 "당파에 치우치지 않고 사회문제 연구를 촉진하며 정책을 실행에 옮길 수 있는 훈련을 행하여 사회 개량에 공헌"하는 것이라고 명시되었다. 시드니 자신도 무급의 공공행정 담당 교수로 오랫동안 재직했다.

그래서 초대 총장인 윌리엄 휴인스William Hewins, 1865~1931는 사회주의와 무관한 사람으로서 총장 취임 시에 그곳에서 정치적 문제는 다루지 않고 어떤 사회주의적 경향도 거부한다고 선언했다. 2대 학장도 자유당원이었고, 옥스퍼드대학교의 트리니티 칼리지Trinity College에서 옮겨온 러셀도 당시에는 자유당원이었다. 당시 런던정치경제대학교에서 명백한 사회주의자는 웹과 월러스뿐이었다. 물론 그곳에서는 케임브리지대학교의 트리니티 칼리지보다 사회주의자 교수진을 짧은 시간에 확보했지만, 이는 사회주의자들이 경제학자인 경우가 많다는 점에서 기인한 것이지 웹 부부 등의 영향에 의한 것은 아니었다. 도리어 프리드리히 하이에크Friedrich Hayek, 1899~1992 같은 보수주의자가 18년간 그곳에서 교수로 지냈고 그의 대표작인 『노예로의 길*The Road to Serfdom*』 1944도 그곳에서 썼다.

이어 시드니는 런던에 있는 모든 대학교를 한데 묶어 교육기관들의 연합체인 런던대학교University of London로 재조직하는 런던 대학교법University of London Act, 1898의 통과를 위해 활동했다. 이 과정에서 페이비언협회는 크게 성공했다. 1901년, 시드니 웹은 무기명으로 페이비언협회의 소책자인 『교육의 혼란과 그 해결책*The Education Muddle and Way Out*』을 발표했는데 이는 런던교육법 통과에 크게 기여했다. 그리고 교육가 로버트 모랜트Robert Morant, 1863~1920와 함께 다음 세대를 위한 영국 공립교육의 성격을 결정지은 교육법의 청사진을 1902~1903년에 제출했다.

1902년 교육개혁이 이루어져 중등교육이 의무화되었고 의무초등교육의 감독을 중앙정부에서 지방정부하에 두게 되었으며, 영국교회를 비롯한 종교단체가 운영하는 학교에도 공적 재정을 제공하는 제도를 부활하여 초등교육이 이원화되었다. 시드니는 특히 중등공립학교 체제와 초등학교 학생을 위한 장학제도를 창설했다. 또한 런던에 기술교육과 사회교육 기관을 설립하는 데 기여했다.

이 과정에서 시드니와 비어트리스는 '침투'라고 알려진 전술, 즉 그들의 정치적인 지향과 상관없이 권력과 영향력을 가진 사람들의 입장을 변화시켜 페이비언 정책 또는 그 정책의 일부를 관철시키려는 전술을 사용했다. 그때부터 정책에 대한 지지를 얻기 위한 방법으로 보수당 총리인 아서 제임스 밸푸어 경Arthur

James Belfour, 1848~1930과 그의 자유당 경쟁자인 로즈베리 경Earl of Roseberry, 1847~1929에게 접근했다.

그는 논문을 통해 자유주의자들이 개인주의를 강조하고 경제 및 사회생활에 대한 국가 개입을 반대하는 것에서 벗어나 페이비언 집단주의를 지지하도록 만들려고 했고, 로즈베리 경은 실제로 생각을 바꾸었다.

그 뒤 웹 부부는 자유주의 제국주의자들의 지도자이자 전 수상인 로즈베리 경에게 국가적 효율성을 목적으로 한 광범한 계획을 채택하여 진보적 야당의 역할을 하도록 요구했다. 그 계획은 영국의 정치, 경제, 사회체계를 현대화하여 과학적이고 기술적으로 진보된 산업사회에 진입하게 하는 것이었다. 웹 부부를 비롯한 개혁가들은 사회개혁이 제국의 발전과 직결된다고 주장했다. 즉 제국의 팽창과 해외이주의 증가, 그리고 그 결과인 무역의 증대는 실업 감소와 같은 사회적 문제를 해결하기 위한 것이고, 반대로 노동계급을 강화하기 위한 건강과 교육 및 실업상태의 개선은 제국의 국방력을 강화하기 위한 전제조건이었다고 주장했다.

지방자치 연구

1899년 웹 부부는 지방자치 연구를 시작했다. 그것은 1932년까지 이어진 필생의 과제였다. 이는 17~20세기 영국 지방정부의 역사를 30년에 걸쳐 전 10권으로 출판한 저술의 시작으로 웹 부부로 하여금 그 분야 역사 연구가로서의 위상을 차지하게 했다. 당시의 지방자치제도는 혼란 그 자체였다. 그 최초의 정비는 1835년의 지방자치단체법Municipal Corporation Acts에 의해 이루어졌다. 이어 1888년의 주의회, 1894년의 교구의회, 1899년의 수도자치구의회가 확립되었다.

페이비언협회는 런던의회만이 아니라 새로운 지방자치의 가능성에도 주목했다. 웹 부부는 노동조합 연구에서와 같은 작업을 지방자치 연구에 적용하고 반복했다. 노동조합 연구 이상으로 복잡한 그 연구 역시 웹 부부에 의해 처음으로 개척된 것이었다. 1903년부터 1929년 사이에 출판된 전체 10권의 체계는 다음과 같았다.

1. 지방자치의 구조 연구
   - 1권 『교구와 주*The Parish and the County*』, 1906, 664쪽.
   - 2~3권 『장원과 지방자치단체*The Manor and the Borough*』, 1908, 858쪽.
   - 4권 『특수 목적을 위한 법정 기관*Statutory Authorities for Special Purposes*』, 1922, 486쪽.
2. 지방자치의 기능 연구

5권 『공공도로의 역사*The Story of the Kings Highway*』, 1913, 279쪽.

6권 『지방정부의 감옥*English Prisons under Local Government*』, 1922, 261쪽.

7권 『주류허가제의 역사*The History of Liquor Licensing in England*』, 1903, 162쪽.

8권 『빈민법의 역사: 구빈민법*The English Poor Law History: The Old Poor Law*』, 1927, 447쪽.

9~10권 『빈민법의 역사: 최후의 100년*The English Poor Law History: The Last Hundred Years* 』, 1929, 1,055쪽.

위의 쪽수는 본문의 것이고 그 밖에 주나 참고문헌을 합하면 총 4,212쪽에 이르는 방대한 이 책 외에도 왕립빈민법위원회의 「소수파 보고서」와 다음의 5개 부산물이 있다.

『런던의 교육*London Education*』, 1904

『국가와 의사*The State and the Doctor*』, 1910

『영국 빈민법 정책*English Poor Law Policy*』, 1910

『궁핍의 방지*The Prevention of Destitution*』, 1911

『국가보조금: 비판과 제안*Grants in Aid: a Criticism and a Proposal*』, 1911

빈민법 개혁

영국의 복지국가 역사는 1601년 엘리자베스 여왕 시대에 제정된 빈민법으로 시작된다. 종래 이를 구빈법救貧法이라고 번역했으나, 구빈은 명목에 불과하고 빈민 통제라는 성격이 더 강하였고, 그 원명도 poor law이므로 이 책에서는 빈민법으로 고쳐 부르도록 한다. 웹 부부는 16세기부터 19세기까지 영국 빈민법의 특성을 '억압을 통한 구제'로 요약했다. 그사이 점차적인 개선에도 불구하고 궁핍은 개인의 책임이므로 죄악이라는 생각은 좀처럼 변하지 않았다. 특히 메인 등이 다윈 이론을 악용하여 '적자생존'을 이유로 공공기금에서 약자를 지원하는 것은 반우생학적이고 국가복지에 유해하다고 주장했다. 그러나 1879년 및 1886~1887년의 불황 시에 주기적 실업은 하나의 사회현상으로 나타났다. 이는 1905년 선거에서 보수당의 완패와 자유당의 압승을 결과했다. 그 뒤 빈민법은 개혁의 대상이 되었다.

웹 부부의 사회활동 가운데 가장 중요한 것이 1905년 이후의 빈민법Poor Law 개혁인데, 앞의 여러 공동사회활동이 시드니의 주도인 점에 비해 이는 비어트리스의 주도로 이루어진 것이었다. 그사이 비어트리스의 활동에는 그다지 중요한 것이 없었고 도리어 문제가 많았다. 가령 1895년에 쓴「여성노동에 관한 국가의 규제State Regulation of Women's Labour」는 여성노동 보호를 위한 노동시간 등의 규제가 남성노동자에게 적용되지 않는 한 여성에게도 적용되어서는 안 된다고 하는 페미니스트들의 주장을 비판한 것이었다. 그 후 그녀는 전국여성노동자연합National Union of Women Worker의 집행위원이 되었지만, 회의 개최 전 기도를 하는 것에 반대하여 1년 뒤에 탈퇴했다. 이처럼 그녀는 여성들만의 조직에서 불편해했다.

앞에서 보았듯이 비어트리스가 결혼 전에 부스의 빈곤조사에 참여한 것은 빈민법 개혁 참여와 직접 연관되었다. 페이비언협회도 빈민법문제에 관심을 기울였다. 가령 시드니가 1889년에 집필한 『런던 사람들을 위한 사실』에 그런 문제에 대한 사실이 포함되었다. 그 밖에도 시드니는 다음과 같은 페이비언 트랙트를 썼다.

『사회민주주의를 향한 영국의 진보*English Progress Toward Social Democracy*』(No. 15, 1890)

『빈민법의 개혁*The Reform of the Poor Law*』(No. 17, 1890)

『런던 교구회*The London Vestries: What They Are and What They Do*』(No. 60, 1894)

시드니는 페이비언협회의 발간물 중에서는 처음으로 국민

연금에 대해 언급했고, 구제의 가치가 없는 자에 대해서도 관심을 보였다. 시드니 외에도 많은 사람들이 빈민법 관련 트랙트를 집필하여 그 개혁을 주장했다. 이러한 개혁안은 뒤에 웹 부부의 「소수파 보고서」에 연결되었다.

1834년 신빈민법이 그 운영에 대한 조사도 없이 70여 년을 경과한 뒤 그 조사를 위해 비로소 1905년에 설치된 왕립빈민법위원회에서 비어트리스는 3년간 조사활동에 종사했다. 앞에서 보았듯이 그녀는 이미 결혼 전부터 사회조사사업에 종사했고, 결혼 후에도 빈곤 해결을 위한 연구에 종사했다. 특히 1897년에 쓴 『산업민주주의』에서는 빈곤의 원천인 착취노동을 다루면서 그 극복의 방법으로 내셔널 미니멈이라는 개념을 제기했음을 앞에서 보았다.

웹 부부가 쓴 「소수파 보고서」는 20세기의 가장 위대한 문서 중 하나였다. 그것은 전반적인 사회보험제도를 주장한 「베버리지 보고서」보다 35년 앞서 복지국가의 개요를 명확하게 묘사한 것이었다. 비어트리스는 빈민법을 완전히 해체하여 그 기능을 지방당국에 이양하기를 요구했으나 다수파는 존속을 주장했다. 그러나 웹 부부가 사회보장을 위해 조직한 전국적 차원의 운동은 1911년 수혜자가 보험료를 분담하는 보험계획에 관한 재무부장관 데이비드 로이드 조지David Lloyd George, 1863~1945의 성급하고 즉흥적인 발상에 의해 무산되었다.

「소수파 보고서」가 호의적 평판과 광범한 지지에도 불구하고 실현되지 못하자 웹 부부는 빈민법철폐위원회를 조직하여 정부에 압력을 가했으나 목적을 달성하지 못했다. 이러한 경험을 통해 웹 부부는 사회개혁을 위해서는 독립된 사회주의 정당이 필요하다는 인식을 얻었다.

5 웹 부부의 사회민주주의 형성 — 노동당

영국의 정당

『산적과 말도둑』이라는 제목의 책이 있다. 무슨 책인가 궁금해 표지를 자세히 들여다보면 제목 앞에 '라운더바우트를 도는'이라는 말이 붙어 있고, 그 밑에 정말 잘 보이지 않는 작은 활자로 '무엇이 영국 민주주의를 만드는가?'라는 부제목이 붙어 있다. 그걸 보아야 '아, 영국에 대한 책이구나' 하는 생각이 든다.

라운더바우트roundabout는 원형교차로를 뜻한다. 운전을 하지 않는 나로서는 영국에만 있는 그것이 무엇인지 잘 알 수 없지만, 대단히 편리하고 안전한 것이라고 한다. 그러면서 그것을 영국 의회정치와 같다고 한다. 여기서는 운전자가 정당이 된다. 그리고 그 정당이 산적과 말도둑의 싸움에서 비롯되었기에 책 제목을 그렇게 붙였다고 한다. 대단히 기발한 책명이지만 왜 이렇게 알기 어렵게 만드는지 모르겠다.

앞에서도 영국 정당에 대한 이야기가 조금 나왔지만 여기서 다시 정리해보자. 우선 보수당이 있는데 Conservative Party라는 본명보다 토리당이라는 이름이 영국인에게 더 친숙한데, 본래 뜻은 '아일랜드 산적'이고 '불법적인 가톨릭교도'라는 뜻도 있다. 이에 대립하는 것이 휘그whig인데, 그 뜻은 '말도둑'이고 비국교도나 반란군이라는 뜻도 있다. 이는 1679년 왕위계승을 둘러싸고 찬반 세력이 서로를 경멸하여 부른 이름들이다. 다 같이 도둑놈인데 종교가 다르다는 정도로 구별한 것이겠다. 뒤에서 다시 설명하겠지만 영국에서는 종교가 정치, 특히 정당에 미치는 영향이 대단히 크다.

그런 대립 이후 토리와 휘그는 서로 권력을 잡아 양당제를 형성하지만 초기의 양당은 그 이름처럼 '도둑놈'인 정치인들의 집단적 권력 노름판이었고, 대중과 연결되는 것은 1832년부터 1928년까지 4회의 선거법 개정을 통해서였다. 이름이 보수당과 자유당Liberal Party으로 바뀐 것도 19세기 중반 이후였고, 1922년 자유당은 사라지고 노동당Labor Party이 제2차 세계대전 후부터 그 자리를 차지했다. 물론 노동당은 그전에, 즉 1900년에 창설되었다. 최근에 자유민주당Liberal Democrats이 생겼다.

보수당을 상징하는 인물은 대처다. 앞에서도 말했듯이 그녀는 이 책의 주인공인 비어트리스를, 자신이 치유하려고 한 영국병의 병균을 배양한 여자로 미워했을지 모르겠다. 비어트리스는 부잣집 딸이었지만 보수당을 지지한 적은 없었고 시드니와 함께 자유당 지지에서 노동당 창당 후 노동당 지지로 돌아서 평생을 노동당원으로 지냈다.

웹 부부가 노동당을 창당하고 그 당원으로 지낸 세월에 노동당이 집권한 것은 10년도 채 되지 않았지만 그들이 죽고 난 뒤에는 양당제로 확고한 권력 기반을 다졌다. 전통적으로 노동자계층은 노동당, 중간계층 이상은 보수당을 지지해왔지만 1970년대 말부터는 노동자들이 보수당을, 1990년대부터는 중간계층이 노동당을 지지하는 현상이 생겨났다. 또 전통적으로 잉글랜드 북부는 노동당, 남부는 보수당이 강했으나 최근에 와서는 그것도 뒤바뀌었다. 전통적으로 보수당이었던 여성의 지지 성향도 바뀌었다.

노동당 창당

19세기 말에는 빈부격차가 격심했고 하층민은 대량 실업과 빈곤에 허덕였다. 1889년부터 3년간 벌어진 보어전쟁 이후 하층민의 고통은 더욱 심해졌다. 여성들의 선거권이 의회에서 통과되었으나 정치가들은 교묘한 수법으로 이를 저지했다. 이에 분노한 여성들은 폭력시위에 나섰다. 많은 사람들이 빈민법 폐지를 희망했지만 법이 폐지되기는커녕 아무도 바라지 않은 보험법의 적용을 받게 되었기 때문이다.

결국 1911년 리버풀에서, 그리고 1913년에는 더블린에서 대규모 폭동이 터졌다. 돈이 정치를 지배하는 현실에 대한 분노였다. 유럽 대륙에서는 프랑스의 드레퓌스 사건 이래 반유대주의가 기승을 부렸고, 독일의 군국주의와 러시아 차르와의 동맹은 전쟁을 부추겼다.

1893년 11월, 시드니와 쇼는 자유당과 그 업적에 대한 실망으로부터 노동조합에 뿌리박은 노동당이 필요하다고 선언했다. 1900년 전후로 웹 부부는 기존 정당체제의 문제점을 더욱 강력하게 인식했다. 1900년, 하디가 TUC의 중요한 노동조합들을 설득하여 노동자 대표를 의회에 보내 노동자를 위한 입법을 촉진하기 위한 노동자대표위원회Labour Representation Committee. 이하 LRC로 약칭함를 만들었다. 그러나 웹 부부는 1900년 2월에 열린 설립 모임에 참석하지 않았다. 대신 그 모임에 페이비언협회의 대표를 보냈지만 그것은 의례적인 것에 불과했다.

여하튼 LRC에는 노동조합 외에 페이비언협회, 독립노동당, 사회민주연맹도 포함되었다. LRC라는 이름을 붙인 것은 설립 7년 전인 1893년, 하디가 독립노동당을 창립할 때 사회주의라는 말을 당명에서 뺀 것과 같이 사회주의라는 말에 익숙하지 않은 사람들을 배려한 것이었다. 또 당시 노조들이 노동자의 독자적 정치활동이라는 개념에도 익숙하지 않은 점을 고려하여 정당이라는 이름도 피했다. 노동당이라는 이름으로 바꾸기에는 그 뒤 6년이라는 세월이 더 필요했고, 당 강령에 사회주의라는 말을 넣은 것은 다시 12년이 지난 뒤인 1918년이었고, 노동당이 집권한 것은 다시 5년이 지난 뒤인 1923년이었다. 참으로 영국인답게 용의주도한 과정이었다.

그러나 LRC가 창립되었을 때 TUC 가입 노조원의 절반과 전체 노조원의 3분의 1 정도만 가입했고, 대표적인 거대노조인 광부노조와 섬유노조는 아예 무관심했다. 사회적인 관심도 거의 없었다. 심지어 1년 뒤 가입 노조원 숫자가 40퍼센트나 줄었다. 그만큼 노조나 사회주의 단체 사이에 의견이 갈렸다. 특히 사회주의에 반대한 중요 노조 지도자 대부분은 노동문제의 정치화에 반대하고 자유당과 연대하여 정치문제를 해결해야 한다고 생각했다. 이는 노동조합이 사회주의화하는 것을 반대한 탓이었다. 기존 정당에 대한 '침투'를 중시한 페이비언협회 사람들도 LRC에 소극적이었다. 사회민주연맹과의 이념 대립은 더욱 분명했다.

여러 우여곡절을 거친 뒤에 LRC를 전신으로 하여 1906년 노동당이 결성되었으나 그것은 1918년에 와서야 본격적인 정당이 되었다. 그래서 영국 노동당은 노동조합을 몸통으로, 독립노동당을 심장으로, 페이비언협회를 머리로 하여 만들어졌다고 한다.

1906년 자유당이 예상을 깨고 크게 승리했고 노동당 의원도 30명이나 진출했다. 1906년 이후 많은 개혁이 이루어졌다. 즉 노동쟁의법, 노령연금법, 통산부법, 아동법, 교육법, 학교의료 검사제도 등이 제정되었다. 이러한 개혁이 소수의 노동당 의원들에 의한 것은 아니었으나 그들이 의회에 진출했다는 점, 그리고 다수의 자유당 의원들도 노동조합의 지지를 받아 의원에 당선된 점에 기인한 바 컸다.

페이비언협회의 변화

보어전쟁 이후 감소했던 페이비언협회의 회원 수도 급격히 늘어났다. 그래서 1903~1904년에는 730명이었던 것이 1907~1908년에는 2,000명, 제1차 세계대전 발발 전에는 4,000명으로 증가했다. 그러나 이 시기에 페이비언협회 내부의 갈등도 생겨났다. 그 중요한 계기는 보어전쟁, 교육법, 그리고 허버트 조지 웰스Herbert George Wells, 1866~1946였다.

영국과 남아프리카 보어인과의 제국주의 전쟁, 즉 보어전쟁Boer War을 둘러싸고 여러 논쟁이 벌어졌다. 당시 사회민주연맹과 독립노동당은 제국주의적인 확장과 착취에 반대하여 '소영국주의'를 취한 구급진주의자들old 'Little-England' Radicals과 공동전선을 형성했다. 반면 중산계급 중심의 페이비언협회에 보어전쟁은 분열의 위기를 낳을 수 있는 사건이었다. 그래서 협회는 제국주의와 자본주의에 대해 항의할 것인지 여부를 일반 토론에 부쳐 1899년 말, '제국주의와 전쟁에 관한 페이비언협회의 공식성명 내는 것을 지지하는가, 지지하지 않는가'를 묻는 우편투표를 실시했다. 지지가 127표였으나, 쇼와 시드니 등의 집행부를 포함한 반대가 259표로 결국 아무런 의견을 내지 않는다는 결론에 이르렀고, 이에 반대한 올리비에 등이 탈퇴했다. 페이비언협회는 간접적이지만 제국주의를 지지한 것이었다.

이는 당시 대부분의 유권자에게는 자유주의냐, 보수주의냐, 사회주의냐가 아니고, 대내외적 정책과 그 실시의 실패에 대한 치욕감만이 관심이라는 시드니의 판단에서 나온 것이었다. 결국 그런 견해에 의해 페이비언협회의 사회제국주의는 자유당의 자유제국주의와 연결되었다.

이어 시드니가 추진한 교육법이 통과되면 교육의 관할권이 중앙정부의 교육위원회에서 지방당국으로 넘어가는 것에 반대한 월러스가 탈퇴했다. 그 결과 페이비언 삼총사 중 시드니만 남게 되었다.

당시 또 하나의 문제는 공상과학소설로 우리에게도 유명한 웰스로 인해 생겨났다. 그는 본래 모리스의 제자였다가 페이비언 협회에 가입했다. 그의 대표작인 『타임머신*Time Machine*』1895도 계급적인 자본주의를 비판하는 소설이었다. 그는 웹 부부의 지방자치 연구를 비롯하여 페이비언협회 전반을 비판했으나 1908년 그가 떠남으로써 갈등이 해소되었다. 그러나 협회는 큰 타격을 입었고, 웹 부부의 지도력도 반대파들에 의해 약화되었다. 웰스 이후에는 역사가이자 경제학자인 조지 더글러스 하워드 콜George Douglas Howard Cole, 1889~1959, 이하 G. D. H. 콜로 약칭함이 이끄는, 산업상의 자치를 주장하는 길드 사회주의자들과 좌익 반대파들이 등장했다. 그러나 당시 웹 부부는 생산자에 의한 산업통제라는 주장에 반대했다.

1906년에 거대한 자유당이 출현하여 '침투' 전략이 실효성을 잃게 되자 웹 부부는 막 창당된 노동당에 '침투'해야만 했으나 그다지 성공적이지 못했다. 그 결과 1909년에서 1915년까지 6년간 그들의 인기는 최하였다.

이처럼 좌우파로부터 공격을 받은 웹 부부는 1911년 6월부터 1912년 4월까지 캐나다, 일본, 한국, 중국, 인도로 여행을 떠났다. 그들은 특히 지적이고 유능하고 예의바르고 친절한 일본인을 좋아했고, 특히 그곳 빈민굴이 악취를 풍기지 않는 점에 주목했다. 반면 한국과 중국에 대해서는 지극히 비판적이었다. 당시 그들이 한국을 어떻게 보았는지에 대해서는 이 책의 마지막에서 살펴보도록 하자. 인도에 대해서도 비판적이었으나, 당시 인도의 타타가 기부한 돈으로 귀국 직후인 1912년 런던정치경제대학교에 사회과학부를 설립했다.

1912년 가을, 웹 부부는 기존의 정당을 대체할 새로운 정치조직을 만들고자 했다. 즉 전국궁핍방지협회를 해산하고 페이비언협회를 중심으로 하여 독립된 사회주의 정당을 만든다는 것이었다. 그러나 그 계획은 그것을 실현해야 할 사람들 사이의 갈등으로 실패했다. 1913년 그들은 《뉴 스테이츠먼*New Statesman*》이라는 독자적인 잡지를 창간하여 그들 자신과 페이비언협회를 위한 새로운 논단을 만들었다.

제1차 세계대전과 노동당 활동

웹 부부는 당시 사람들이 대부분 그러했듯이 제1차 세계대전의 발발을 전혀 예상하지 못했다. 그들은 유럽 대륙에 관심을 갖지도 않았다. 당시의 반전운동에 냉담했던 그들은 노동자계급과 사회주의 세력을 전국적 차원에서 최초로 결합한 '전국 노동자 전시 비상위원회War Emergency Worker's National Committee'를 지도했다. 노동당, TUC, 노동조합총연맹, 전국교원노동조합, 협동조합, 사회주의 단체 등이 가입했다.

또 1914년 말 노동당원이 된 웹 부부는 노동당의 자문위원으로 자신들의 입지를 급속하게 강화해 나갔다. 그러나 1918년 이전의 노동당은 노동조합과 사회주의 단체의 그룹에 불과했다. 빈약한 재정의 대부분은 1913년 노동조합법에 의해 정치적 헌금을 내지 않겠다고 서명하지 않은 조합원이 낸 것이었다. 이 제도는 1926년 총파업 이후 서면으로 정치헌금을 내겠다고 선언해야 하는 것으로 바뀌었다. 사회주의 단체는 회비의 대부분을 헌금으로 냈으나, 회원 수는 약 2만 명에 불과했다. 따라서 당 운영의 주도권은 노동조합에 있었다. 지방노동당Local Labour Parties이 있는 곳도 있었지만 조직은 견고하지 않았고, 개인 당원도 없었다. 무엇보다 1918년까지는 확고한 이념이 노동당에 없었다. 노동당 의원 중에는 사회주의자를 자처하는 사람들도 있었지만 당원들 대부분은 사회주의와 무관하고 노동조합에 호의적인 자유주의자에 불과했다.

1918년 노팅엄 대회에서 시드니와 헨더슨이 기초한 규약은 개인 회원과 노동조합 지부로 구성된 지역노동당Division Labour Parties을 새로운 요소로 삼았다. 노동당의 전시戰時 지도자였던 아서 헨더슨Arthur Henderson, 1863~1935의 우정과 사심 없는 충고에 의해 시드니는 집행위원회의 일원이 되었고, 최초이자 오랜 기간 동안 당의 가장 중요한 정책보고서가 된 「노동계급과 새로운 사회질서

Labour and the New Social Order』1918의 초안을 작성했다. 이는 노동당의 이념이 되었고, 그 후 웹 부부는 노동당에 더욱 깊이 관여했다.

그 직후인 1919년 그는 광부연맹이 선출한 전문가의 한 사람으로 그 연맹의 위원장인 로버트 스마일리Robert Smillie, 1857~1940, 그리고 토니 교수 등과 함께 석탄 탄광에 관한 산키위원회에 참여했다. 당시 언론이 그들을 프랑스혁명의 재판관과 비교했을 정도로 그들은 자본 측 대표들을 압도하여 임금인상과 노동시간 단축을 권고하는 중간보고서를 통과시켜 결국 노동자들의 파업 통고는 취소되었다. 그리고 최종보고서에서는 석탄산업의 국유화가 권고되었다.

1919년 시드니는 탄광산업 분야의 산키위원회에서 활동 결과 최고 득표로 노동당 집행위원이 되었다. 이어 시드니는 1922년 선거에서 더럼의 시엄 하버Seaham Harbor 탄광지구 선거구에서 압도적인 승리를 거두었고, 이를 통해 패스필드 남작으로서 상원에 자리를 확보했다. 시드니는 석탄업과 더럼의 역사를 독파하고 1921년 『더럼 탄광노동자의 역사*The Story of the Durham Miners*』라는 소책자를 발간하기도 했다.

이 선거에서 노동당은 두 배나 신장하는 번영기를 맞았고 수권 정당으로서의 능력을 갖추기 시작했다. 그러나 당시 윈스턴 처칠Winston Churchill, 1874~1965이 노동당은 수권 정당이 되기에 적합하지 않다고 조롱했듯이 1918년 선거에서 살아남은 60명 의원들에게는 문제가 많았다. 노동당 지도자는 우둔한 탄광조합원 출신 의원이었다.

비어트리스는 노동당의 발전을 위해 성심껏 협력했다. 비어트리스는 노동당 여성 당원들이 집회에서 토론을 벌여 공적인 활동에서 능력을 발휘하게끔 1920년 말 여성 모임을 뜻하는 '반원 클럽Half-Circle Club'을 조직했고, 시드니의 선거구에서 웹 부부가 시엄대학교University of Seaham라고 부른 교육활동을 하기도 했다. 이러한 활동의 취지를 그녀는 다음과 같이 썼다.

> 만약 끊임없이 일반 국민의 복지에 헌신할 노동당의 집권이 계속되기를 진정으로 원한다면, 인간과 인간 간의 평등이라는 이상이 의미하는 것에 대한 가장 적절한 개인적인 지출과 남의 눈을 의식하지 않는 사교를, 교훈과 실행에 의해 유지하는 것이 필요하다. 이 이상이야말로 노동운동의 정신이다(콜232재인용).

즉 민주주의에 적합한 사회적 관습이나 행동 기준을 노동운동 전체를 통해 확립시키려 했다. 그래서 1924년 선거에서 노동당이 보수당에 대패했을 때에도 시드니는 승리할 수 있었다. 그 대패는 총선 4일 전에 제3인터내셔널의 지도자가 영국공산당에 지령을 내리는 편지를 보냈다는 보도가 낳은 결과였다.

1920년대의 정치활동

시드니는 1922년부터 1931년까지 약 10년간 하원의원과 장관으로 정치활동을 했다. 압도적인 표차로 최초의 의원으로 선출되었을 때 그는 이미 63세로 보통은 은퇴할 나이였다. 웹 부부도 그 이듬해 은퇴 후의 영구거주지로 그들이 희망한 "개와 닭의 울음소리가 들리는" 패스필드 코너Passfield Corner를 구입했다. 자동차가 점령한 시끄러운 런던에서 더 이상 살 수가 없기 때문이었다.

1924년 노동당이 최초로 집권하기 직전 노동당회의 의장이었던 시드니는 같은 해 출판한 『자본주의 문명의 몰락*The Decay of Capitalist Civilization*』에서도 주장했듯이 자유경쟁, 부유층의 지나친 영향력, 대규모 실업이라는 세 가지 문제를 고려하지 않으면 자본주의는 몰락할 것이라고 하면서 '점진주의의 불가피성'을 강조한 연설을 했다.

> 노동당을 위해서도 사회주의는 정치적 민주주의에 깊이 뿌리를 내리고 있음을 명백히 해야 한다. 이는 당연히 우리들의 목표를 향해 내딛는 걸음이, 적어도 전 국민 대다수의 찬성과 지지를 얻는 것에 그 성패가 달려 있다고 하는 것을 인식하도록 해주고 있다. (중략) 그

것이야말로 매우 중요한 것으로 민주주의를 유효하게 운영해가기 위해서 반드시 필요한 것이다(콜247~248재인용).

시드니는 최초의 노동당 정부에서 상무부장관을 지냈으나 65세라는 상당히 늦은 나이였고 그다지 큰 성공을 거두지도 못했다. 1926년 선거에서 노동당이 다시 집권했을 때 시드니는 1929년 식민부장관을 지냈다. 그러나 사실상 시드니는 특히 식민부장관 시절에 팔레스타인 문제로 곤란을 겪었다. 그 공로로 시드니는 귀족 칭호를 받아 패스필드 경으로 불렸으나 비어트리스는 패스필드 부인이 되기를 거부했다. 비어트리스는 시드니의 입각에 대해서도 정신적 독립성을 상실하게 된다는 이유에서 반대했다. 게다가 1920년 후반부터 웹 부부는 영국뿐 아니라 세계에 대해서도 실망하기 시작했다. 소련과 파시즘은 모두 '교조적 독재정치creed autocracies'로 보였다. 특히 1931년 굴욕적인 퇴각을 당한 노동당은 제2차 세계대전이 발발할 때까지 회복하지 못했기 때문에 웹 부부의 절망은 더욱 컸다.

1920년대의 저술활동

웹 부부는 1922년 『지방정부의 감옥』과 『특수 목적을 위한 법정기관』을 간행했다. 그리고 『노동조합운동의 역사』 개정판을 염가

본으로 내어 노동조합 지부와 성인교육 현장 등에서 널리 읽히게 했다. 그러나 그 책은 높은 평가를 받지 못했다. 『소비자의 협동조합운동*The Consumer's Co-operative Movement*』도 마찬가지였다. 보다 젊은 시절에 부부가 쓴 『노동조합운동의 역사』 초판이나 비어트리스가 쓴 『협동조합운동』에서 보인 연구 주제와 실제 생활 사이의 긴밀한 접촉 없이 관련 자료의 보충과 정리에 그쳤기 때문이다.

그들은 자본주의에 대한 그들의 유일한 비판서인 『자본주의 문명의 몰락』과 새로운 사회주의 사회의 비전에 대한 유일한 저서인 『영국 사회주의 사회의 구성*A Constitution for the Socialist Commonwealth of Great Britain*』도 썼다. 『자본주의 문명의 몰락』에서 저자들은 자본주의제도가 경제적으로, 특히 도덕적으로 파산했다고 주장했다. 경제적으로 파산했다는 주장은 마르크스 『자본론』의 역사관, 도덕적으로 파산했다는 주장은 소스타인 베블런Thorstein Veblen, 1857~1929의 영향을 받은 것이었지만, 자신들의 경험에 근거한 점도 많았다. 즉 시드니의 경우 정부기관 참여의 경험, 비어트리스의 경우 절약에 대한 생활신념을 반영했다. 비어트리스는 오언을 비롯한 선배 사상가들과 마찬가지로 도덕적 권유에 의해 부자들이 그 특권을 다른 계급과 나누도록 설득할 수 있다고 믿었다.

『영국 사회주의 사회의 구성』은 사회주의적 개혁의 비전에 대한 책이지만 그 내용과 실현 가능성에는 의문이 드는 부분을 상당수 포함했다. 가령 하원의 업무 폭주를 막기 위해 그것을 법과 정치를 다루는 정치회의와 사회경제적 행동을 다루는 사회회의로 나누어야 한다는 그들의 주장은 지금까지도 실현된 적이 없다. 또 현재의 지방자치제도를 완전히 없애고 전국에 구Ward라고 하는 평등한 대의 단위를 설치하여 각 구의 유급 대표들이 각 구의 서비스를 하도록 한다고 그들은 주장했지만, 이는 그들이 그동안 연구한 지방자치제도의 다양한 역사를 무시하고 효율만을 앞세워 획일적으로 그 제도를 재편하려는 것이어서 많은 비판에 직면했고, 지금까지도 실현되고 있지 않다. 이와 유사한 시도가 나폴레옹에 의해 행해졌는데, 그것은 웹 부부의 제안보다 훨씬 온건한 것이었음에도 실패했다.

그럼에도 불구하고 두 책에서의 제안이 소련에서 어느 정도 실현되었다는 점이 흥미롭다. 가령 부자의 호화롭고 거대한 저택을 노동자를 위한 시설로 바꾸어야 한다는 주장은 소련에서 실현되었다. 웹 부부가 1920년대에 이러한 결론에 이르렀다는 점은 이어지는 1930년대의 소련에 대한 새로운 평가를 가능하게 한 것이었다.

시드니의 정치활동 기간 중 비어트리스는 결혼 후 처음으로 시드니와 장기간 떨어져 혼자 시골에서 지내며 1926년까지 『나의 도제시절』을 집필했다. 이는 처녀 시절 이후 처음인 그녀의 단독 저서였다. 「소수파 보고서」는 시드니가 썼고 그녀가 쓴 다른 정부 관계 보고서도 모두 시드니가 도와주었다. 『나의 도제시절』을 쓰기 시작했을 때에도 시드니는 사적인 부분은 제외하고 공적인 태도로 한 사람이 직업과 신념을 추구하는 과정을 집필하라고 충고했다. 『나의 도제시절』은 자신에 대한 비판을 포함하여 제3자의 시각으로 너무나도 솔직하게 쓴 책이었다. 특히 그 책은 개인적인 추억담과는 담을 쌓은 것이었다. 그 책은 지금 비어트리스의 이해를 위해서만이 아니라 19세기 후반 빅토리아 사회의 이해에도 필수적인 문헌으로 꼽히지만, 출간 당시에는 좋은 평가를 받지 못했다.

이어 1927년에는 1834년까지 소급한 『빈민법의 역사: 구빈민법』을, 이어 1929년 『빈민법의 역사: 최후의 100년』 2권을 출간했다. 1,502쪽에 이르는 그 마지막 책에서 웹 부부는 자신들이 20년 전에 폐지를 주장한 빈민법이 마침내 폐지되었음을 기록했다. 또한 그들은 이 책들의 집필을 위해 30년 전 그들이 지방자치에 대해 조사하기 시작했을 때처럼 열정적으로 현지 방문과 면접을 했다. 68~69세 노인들의 저술로 보기에는 믿기 어려울 정도의 대작이었다.

그런 대작의 출간을 전후하여 웹 부부는 처음으로 언론과 대학 등 학술기관의 관심을 받기 시작했다. 1927년 옥스퍼드대학교는 비어트리스를 시드니 볼Sidney Ball 기념강연에 초대했고, 이듬해 BBC는 그녀에게 스펜서에 대한 방송을 요청한 이래 여러 차례의 방송을 했고, 영국학사원British Academy은 그녀를 유일한 여성 특별회원으로 받아들였다. 같은 해 런던정치경제대학교는 웹 부부의 초상화를 그리게 하여 그들에게 대학 창설자의 명예를 부여했다.

소련 방문

1932년, 73세의 시드니와 74세의 비어트리스는 소련으로 건너가 그곳과 '사랑에 빠졌다'. 이러한 새로운 열정과 변화는 사람들이 보통 70세 이상의 노년이 되면 보수화하는 것과는 전혀 반대되는 현상이었다. 그들의 소련 사랑에 대해서는 당대는 물론 그 후 지금까지도 다양한 평가가 있지만, 여기서는 객관적인 사실만을 설명하도록 하겠다.

레닌은 1917년 혁명 이전의 망명 시절에 웹 부부의 『노동조합 운동의 역사』를 읽고 번역하여 그것을 모든 당원에게 추천했다. 또 레닌은 『무엇을 할 것인가*What is to be Done?*』1902에서 웹 부부의 『산업민주주의』를 인용하기도 했다. 그 후 웹 부부의 이름은 러시아 공산당에 신비로운 권위였다. 그래서 뒤에 그들이 러시아를 방문했을 때 그들은 러시아혁명의 부모로 환영받았다.

그러나 소련 방문 이전의 웹 부부는 소련에 대해 매우 비판적이었다. 비어트리스는 일찍이 1917년 러시아혁명을 노동운동 역사의 최대 불행이라고 비판했다. 그들은 1789년의 프랑스혁명이 영국의 정치적 민주주의를 1세기 이상 지체시켰듯이, 1917년의 러시아혁명은 경제적 민주주의를 반세기 이상 지체시킬 것이라고 예상했다.

그들은 러시아혁명의 이념은 독립노동당의 강령인 '우리 시대의 사회주의Socialism in Our Time'와 같이, 또는 그보다 더욱 실현 불가능한 유토피아라고 비판했다. 나아가 전쟁과 내란 중에서도 남녀의 완전한 평등을 이룩하고 유럽에서 가장 진보적인 노동법을 실행하고 임산부에게 보조금을 지급하고 90퍼센트가 문맹인 나라에 의무교육을 실시한 초기 소련의 업적에 대해서도 그들은 냉소적이었다. 소련이 자신의 무능에 의해 자멸하거나 자본주의 국가에 점차 동화할 것으로 그들은 전망했다.

1929년 5월, 그들은 스탈린에 의해 국외로 추방된 레온 트로츠키Leon Trotskii, 1879~1940를 만나고자 프린키포Prinkipo를 방문했으나 그를 높이 평가하지 않았다. 그가 영국으로 망명하도록 주거를 제공하는 것이 노동당 정부의 의무라는 주장도 물리쳤지만 트로츠키 반대자들에게 찬성한 것도 아니었다.

그러나 1929년 10월에 터진 대공황 이후 서구 민주주의의 파탄과 자본주의 경제의 모순이 극대화하는 가운데 영국 노동계급의 전망에 극심한 환멸을 느낀 웹 부부는 소련에 대한 다양한 견해의 책과 기사를 읽고 마음이 변했다.

그들은 1932년 5월에 소련의 레닌그라드를 거쳐 모스크바, 그리고 스탈린그라드를 방문했다. 국빈 대접을 받은 그들은 자유롭게 사람들을 만나고 보고 싶은 곳을 보았다. 3개월 뒤 귀국하면서 방대한 자료를 지참한 그들은 즉시 저술에 착수하여 3년에 걸쳐 쓴 최후의 대작 『소비에트 공산주의: 새로운 문명인가?*Soviet Communism: A New Civilization?*』1935를 통해 소련을 새로운 문명이라고 찬양하고 현실 생활에서 살아 있는 페이비언주의를 보았다고 주장했다.

그들은 평생 페이비언주의자로서 자신들이 영국에 요구한 것과 같은 사회민주주의, 즉 이윤추구가 아닌 사용을 위한 생산원리에 기초한 사회, 자원을 모든 국민의 이익을 위해 사용하는 사회, 마르크스가 권력국가power state와 대립시킨 복지국가welfare state를 그곳에서 본 것이다. 웹 부부가 '문화생활의 내셔널 미니멈'이라고 부른 것이 소련의 1935년 헌법에 명기되었고 그들이 평생을 두고 요구한 보편교육과 보건 등의 사회서비스가 소련에서 실시 중이었다. 그리고 그들이 『영국 사회주의 사회의 구성』의 '과학적 휴머니즘과 종교'에서 예견한 초자연적인 것에 대한 부정과 과학에 대한 열정도 소련에서 발견했다.

무엇보다도 그들은 그들이 평생 연구한 노동조합과 협동조합의 중요성을 소련에서 실감했다. 대규모 협동조합이 소비자의 수요를 충족하고 자본주의 사회에서는 불가능했던 반半독립적 생산자 집단의 협동조합 생산문제를 해결하고 있었다. 그들이 주장한 소비자 민주주의도 소련에서 실현되고 있었다. 또 당원에게 고도의 훈련과 규율과 자제를 요구하고 낭비, 허식, 반사회적 행위나 성적 문란에 반대하는 공산당을 그들은 좋아했다.

1,257쪽에 이르는 그 책은 웹 부부의 최대작은 아니지만 대저 중 하나로 출판되자마자 소련에 대한 책으로는 최고의 권위를 갖게 되었다. 편파적인 비판도 있었지만 외교정책이나 정보제도와 같은 당대 소련의 문제점에 대해 비판한 부분도 많았다. 그럼에도 그들은 생애 마지막까지 소련에 대한 호의를 버리지 않았다.

만년의 생활

웹 부부는 1928년부터 햄프셔에 있는 집에서 살다가 비어트리스는 1943년에, 시드니는 1947년에 그곳에서 죽었다. 비어트리스는 1932년부터 사회생활에서 서서히 물러났다. 이는 74세부터이니 보통 사람들의 퇴직보다 훨씬 늦은 것이었다. 그러나 집필을 멈추지는 않았고 결혼 이후의 삶에 대한 자서전 집필에 들어갔다.

그러나 1~3부 중 첫 권인 『우리의 협동생활, 1892~1912』만이 그녀의 사망 직전에 완성되었다.

1931년 노동당 붕괴 이후 그들은 정치에 대한 희망을 버렸으나 페이비언협회에 대해서는 애착을 보였다. 1934년 비어트리스가 수술을 받아 시드니는 혼자 소련에 다녀왔다. 다음 해 비어트리스는 가벼운 신경쇠약을 앓았다. 비어트리스는 81세인 1939년에 페이비언협회 회장에 취임했다. 그녀는 페이비언협회 60주년 기념식에 참석하고자 했으나 그전에 죽었다. 이어 4년 뒤 시드니가 죽었다. 그들은 함께 웨스트민스터 사원에 묻혔다. 당시 90세가 넘은 쇼가 《타임스》에 투고한 주장이 받아들여졌다. 부부가 함께 묻힌 것은 웨스트민스터 사원이 생긴 이래 처음 있는 일이었다.

2

복지국가에 대한 웹 부부의 생각

1 초기 사상과 페이비언주의

페이비언협회

영국에 가는 사람이라면 누구나 런던, 런던 중에서도 버킹엄궁전과 국회의사당 등이 있는 웨스트민스터 구를 방문한다. 그곳에 페이비언협회 건물이 있지만 간판이 없으면 찾을 수도 없는 지극히 평범한 사무실이다. 설립 초기처음에는 회원 집을 돌아다니며 모임을 가졌다부터 사용한 그곳은 2층 건물인데, 1층은 과거에 협회 책을 파는 서점이었으나 지금은 커피숍으로 임대하고 있다. 서점이 커피숍으로 변하는 세태는 한국만이 아니라 영국에서도 마찬가지다.

그래도 133년이라는 세월의 영국 현대사를 이룩한 현장이라고 생각하면 그야말로 감개무량할 수밖에 없는 곳이다. 협회가 창립된 1884년 조선에서는 갑신정변이 터졌다. 김옥균 · 박영효 · 서재필 · 서광범 · 홍영식 등 일부 관료들과 지식인들이 주도한 개화당이 청나라에 의존하려는 척족 중심의 수구당을 몰아내고 개화정권을 수립하려 한 무력정변쿠데타인 갑신정변은 민중들의 폭넓은 지지를 얻지 못한 것이 최대의 단점이라는 비판을 받아왔다. 그러나 과연 그 당시 시대 상황이 민중의 지지를 받을 수 있는 분위기였을까.

페이비언협회는 그 주변 의회 등과 어깨를 나란히 하는 듯 영국식 민주주의의 전형처럼 보이지만 창립 초부터 민중의 지지 같은 것은 기대조차 못 하는 소수의 지식인 단체였다. 1884년 창립 이후 초기 회원은 40명이 채 안 되었지만 지금은 7,000여 명에 이른다. 창립 이듬해부터 지역분회를 결성하기 시작했고 현재 60여 개의 지역협회가 있다. 페이비언의 취지에 동의하면 누구나 정회원이 될 수 있다. 1900년의 노동당 창당 이래 페이비언협회 회원은 노동당에 반대하거나 반대하고자 하는 정당의 당원이 아니면 누구나 된다. 그만큼 협회와 노동당의 관계는 깊다. 그래서 흔히들 협회를 노동당의 싱크탱크라고 하지만 협회는 노동당으로부터 독립되어 있다. 싱크탱크라고 하면 보통 정책연구소를 말하는데, 토론 공간에 불과한 페이비언협회를 그렇게 부를 수 있을지는 의문이다.

앞에서 말했듯이 페이비언협회가 창립될 때 조선에서는 갑신정변이 있었는데, 그 정변 대신에 김옥균 등이 페이비언협회 같은 토론모임을 시작했다면 그것이 지금까지 이어질 수 있었을까. 말도 안 되는 가정이지만 130년이 지난 지금은 그런 토론모임이 가능한지 의문이다. 또 앞으로 130년 이상을 내다보는 토론모임이 가능할까. 사회주의 내지 사회민주주의를 표방하는 사람들이 자유롭게 모여 정책대안을 모색하는 토론광장을 열 수 있을까. 민주주의를 해왔다는 지난 70여 년 동안에도 가능한 일이었을까. 페이비언협회가 있는 지역의 영국의회처럼 우리의 국회가 그런 싱크탱크를 허용했을까. 불과 몇 년 전 국회의원을 보유하고 있는 정당조차 빨갱이 집단으로 몰아 해산시킨 정부와 헌법재판소가 있는 나라에서 가능할 일이었을까.

비어트리스의 초기 논문

페이비언주의에 대한 설명과 함께 비어트리스의 초기 논문을 검토하려는 점에 대해 의문을 갖는 독자들이 있겠지만, 비어트리스가 페이비언협회에 가입하기 전에 쓴 몇 편의 초기 논문들은 페이비언주의와 가깝고, 비어트리스가 시드니와 결혼 후에 쓴 여러 책의 기본이 되었다는 점에서 검토할 가치가 있다.

비어트리스는 1886년 말에 쓴 「영국 경제학의 탄생과 성장」이라는 제목의 최초 논문에서 '자기 완결적이고 분리적이며 추상적인 정치경제학에 대해 이의'를 제기했다. 즉 이윤을 추구하는 대기업은 역사적인 존재로서, 오늘날에는 부를 생산하는 다른 여러 사회제도소비자협동조합, 지방자치단체가 경영하는 기업 등 내의 한 형태에 불과함에도, "이윤을 추구하는 자본주의나 현대 산업조직에 대한 연구는 가족, 소비자협동조합, 각종 생산자의 직업조직, 지방자치단체, 국가나 정치조직, 국제관계, 인간의 지적 · 미적 · 종교적 관심 및 사회학으로 간주될 수 있는 다른 많은 부문의 개별적 연구와 함께 연구"(*Apprentice*438~439)하지 않는 정치경제학의 자기 완결적이고 분리적인 성격을 비판했다. 나아가 정치경제학이 인간행동을 실제의 관찰에 근거하여 연구하지 않고 추상적이고 연역적인 가설에 근거하여 연구하는 점, 즉 '금전적인 이기심'을 인간의 현실적 행위의 원천으로, 다른 여러 동기를 마찰적 요인으로 처리하는 점을 비판했다. 비어트리스는 사회제도가 어떤 인간 유형을 낳는지를 연구 대상으로 삼아야 하고, 노동자가 높은 임금 쪽으로 이동한다는 법칙은 현실에서 보편적으로 해당될 수 없다고 하며 노동시장의 복잡성과 제도적 요인의 중요성을 지적했다.

이상의 비판에 근거하여 비어트리스는 자신의 연구 과제를 "지금 존재하고 있고 또한 존재해온 여러 사회제도 자체"의 조사와 분석과 서술이라고 설정했다. 그리고 스펜서나 정치경제학자들과 달리 사회연구는 사실과의 불일치를 '마찰'로 처리하는, 중력의 법칙과도 비교되어야 할 '불변의 보편적인 여러 법칙'을 발견하고자 하는 것이 아니라, 현실 사회제도의 있는 그대로의 변화를 '다른 유기적 구조와 마찬가지로' 그 완성에서가 아니라, 그 출생과 성장과 질병과 사망의 여러 측면에서 연구해야 한다고 주장했다(*Apprentice*440). 즉 추상적이고 연역적인 방법이 아니라, 귀납적인 방법을 제기한 것이었다. 이는 앞에서 보았듯이 실증주의자인 부스 등의 영향을 받은 것이었으나 비어트리스는 뒤에 부스 사회조사의 정태적 성격을 비판했다. 즉 부스처럼 사회제도의 정태적 분석이 누적되면 동태분석이 된다고 보지 않고, '사회제도의 구체적인 출생과 성장과 질병과 사망의 여러 과정'을 명백하게 밝히는 '역사적 방법'에 의해서만 동태적 분석이 가능하다고 비판했다(*Apprentice*238).

1886년에 쓴 두 번째 논문 「카를 마르크스의 경제이론」은 비어트리스가 소비자협동조합과 노동조합 연구를 위한 지침으로 쓴 것이었다. 즉 가치는 능력의 행사에 의한 욕망의 만족에서 생겨나는데, 사용가치는 능력과 욕망의 결합이 1인의 개인에게서 발생해도 좋지만, 교환가치는 그 결합이 2인 이상의 개인 간 관계를 수반할 필요가 있다고 생각한 그녀는 인류의 경제적 능력과 경제적 욕망의 결합이 제대로 이루어지지 않고 방치되어 교환가치가 생기지 않게 되므로 그 둘의 결합을 증대시켜 상호관계의 지속과 만족을 유지하는 것이 응용사회학의 중요한 과제가 되어야 한다고 주장했다(*Apprentice*445). 이러한 가치이론은 뒤에 사회구조의 통합이론과 연결되었다. 즉 노동조합운동과 소비조합운동의 '조정적' 연합을 형성함으로써 경제적 능력과 경제적 욕망을 합치시켜 양자의 공통목적인 '협동적 공화 cooperative commonwealth'의 실현을 보증하고자 하는 사회상을 구상했다(*Apprentice*446).

또한 이 논문에서 비어트리스는 마르크스를 비판했다. 첫째, 마르크스의 가치론은 경제적 능력노동을 유일한 가치의 원천으로 보고, 경제적 욕망이 언제나 존재한다는 것을 전제로 하여 양자 결합 과정 문제를 무시하였다. 둘째, 마르크스가 묘사한 세계에서 인간은 자동인형이고 상품이 정신을 가지고 화폐가 생명을 육화하고 자본이 자기 생명 과정을 갖지만, 이는 현실과 모순된 기괴한 것이라고 비판했다(*Apprentice*445).

비어트리스는 착취노동에 관한 논문에서 그 원인에 대해 당시 일반적 이해였던 중개자의 존재와 외국인 노동자의 유입 때문이라는 견해를 부정하고, 착취산업의 고용인이 업무가 행해지는 상태에 대한 모든 책임으로부터 벗어나 있고, 노동자가 고립

되어 조직되지 못하고, 공장법의 보호로부터 제외되어 있는 점이라고 분석했다. 그리고 상원의 착취노동위원회가 착취노동의 정의에 대해 묻자, 그것을 "공장법이나 노동조합 규약에서 벗어나 있는 제조업에 고용된 모든 노동"이라고 정의했다. 그리고 착취노동의 제거를 위해서는 노동조건을 법률로 규제해야 한다고 주장했다. 이는 부스의 사회조사에 그녀가 참가하여 자유경쟁은 자유로운 진보를 달성할 수 없으며 임금노예나 빈곤을 초래한다는 사실을 알고, 빅토리아 시대의 개인주의로부터 벗어나 법적 규제와 노동조합의 필요성을 인식하게 되었기 때문에 가능했다.

협동조합 연구

위에서 본 생각의 연장선에서 비어트리스는 자본가의 독재를 대신할 생산조직으로 협동조합을 연구했다. 협동조합의 효시는 1848년 맨체스터 부근의 로치데일에서 직공 28명이 1파운드씩 출자해 밀가루와 버터, 설탕을 정직하게 판매하는 협동조합을 만든 것이었다. 로치데일의 운영방식은 이후 소비자협동조합의 일반원칙이 됐다. 로치데일에 앞서 오언이 추진한 이상적인 협동조합 실험은 조합원의 편익을 극대화하기 위해 시장가격보다 낮은 가격으로 물건을 판 결과 파산했다. 오언의 실패를 반면교사로 삼은 로치데일은 조합원 편익과 함께 기업의 지속 가능성을 고려해 성공했다. 오언 이전에도 모어와 같은 협동조합 및 사회주의의 선구자가 있었다.

비어트리스는 협동조합 연구를 통해 다음 두 가지를 발견했다. 첫째, 협동조합운동의 지지자들이 그 운동의 목적을 임금제도 폐지와 육체노동자의 이익에 근거한 산업조직의 형성에 있다고 주장했음에도 불구하고, 그 운동이 실제로 달성한 것은 이윤, 그리고 이윤을 추구하는 경영자를 폐지하고 소비자로서의 노동자의 이익에 근거한 산업조직을 형성한 것이었음을 발견했다. 그녀는 협동조합운동의 유형으로 생산자에 의한 관리self-governing workshop와 소비자에 의한 관리consumer's cooperative movement가 있다고 하고, 전자는 존립 근거가 없지만 후자는 발전의 근거를 가짐을 알았다. 생산자에 의한 관리는 이론에서 생기는 것이고, 그 이론적 기초는 '노동이 가치의 원천'이라는 것이었다. 그 운동은 박애주의자, 세계혁명가, 자본가, 정부 등에 의해 보호되어 만들어졌다. 특히 소비자협동조합과 달리 생산자협동조합운동을 벌인 기독교 사회주의자들에 의한 것이었다. 그러나 비어트리스는 생산자협동조합이 이윤을 추구하는 자본주의 기업으로 타락할 수 있다고 비판했다.

따라서 비어트리스가 지지한 소비자에 의한 관리는 로치데일 개척자들에 의해 발견된 것으로, 순수하게 노동자계급 자신 속에 기원을 갖고, 사용가치를 위한 생산으로 판매량에 따라 여분을 배분하기 위한 이윤분배라는 문제를 낳지 않고, 개방적이고 민주적이었다. 소비자에 의한 관리에는 존립 근거가 있지만 생산자에 의한 관리에는 그것이 없다는 점은 그녀의 가치론, 즉 경제적 능력과 경제적 욕망의 대응에 의해 가치가 생긴다는 것을 입증했다. 이는 소비자 민주주의로 연결되었다. 즉 자본에 의한 이윤추구가 아니라 생활을 목적으로 하는 경제로의 전환이었다.

둘째, 협동조합운동의 지도자도 협동조합에서 일하는 노동자의 노동조건에는 무관심하다는 발견이었다. 비어트리스는 조합원 노동자들이 경영에 참가해야 한다고 주장했다. 즉 소비자 민주주의는 육체노동자의 민주주의와 전문적 직업조직의 민주주의에 의해 보완되어야 한다고 생각했다. 그래서 『영국의 협동조합운동』을 집필하기 전에 노동조합운동을 연구하겠다고 생각했다. 그리고 뒤에 시드니를 만나 지방자치단체의 중요성을 알게 되어 그녀는 그것을 강제적 소비자조합이라고 규정하고 연구했다.

최초의 페이비언 트랙트

페이비언 트랙트Fabian Tract라는 소책자는 20쪽 전후의 크기로 '교육과 설득'이라는 페이비언협회 전략의 중요한 도구였다. 제1호는 페이비언협회 회원 중 유일한 노동자인 페인트공 필립스W.

L. Philips가 쓴 「왜 많은 사람들은 가난한가?Why are the Many Poor?」로 3쪽 정도의 짧은 글이었다. 그 글의 첫 문단을 보자.

> 우리들은 자본이 개인의 손에 주어진 경쟁사회에서 살고 있다. 그 결과는 무엇인가. 극소수 사람들은 부유하고 유복하며, 대다수는 가난하고 많은 사람들이 극도로 빈곤한 상태에 있다.
> 이런 체제가 지금까지 비난을 면해온 이유는 오로지 우리가 기존 관습을 쉽게 받아들임과 동시에, 현 산업의 무질서가 불가피하게 낳는 여러 해악과 그것을 방지해야 할 우리의 힘에 관해 대체로 무지가 만연하고 있어서다.(Tract, No. 1, 1)

그리고 다음과 같은 문단으로 글을 맺는다.

> 자본이 소수자에게 있지 않고, 만인의 이익을 위하여 사회에 의해 소유되고, 공공재산이 될 수 있는 때가 이미 가깝게 다가와 있다. 당신은 이 사업을 도울 수 있다. 당신 없이 이 사업을 이룰 수 없다. 힘은 당신의 손에 있고, 그 힘을 쓸 기회는 변함없이 당신의 손이 닿는 범위 안에 있다. 이 기회를 무시하면 당신과 당신의 자녀들은 경쟁과 자본주의의 희생끊임없이 서로 싸우고 그 결과는 영원한 빈곤인이 되는 처지를 벗어날 수 없을 것이다.(Tract, No. 1, 3)

이 글에 사회주의라는 말은 없지만 사회주의를 지향하는 태도는 충분히 볼 수 있다. 이러한 태도는 1830년대 오언주의의 '공상적 사회주의'나 당대의 칼라일이나 러스킨 등의 복고주의 또는 모리스 등의 반의회적 사회주의와 다른 것이었다. 또 위에서 말하는 '당신'은 유한계급을 말하는 것으로 그들을 사회주의로 변화시키겠다는 의지를 드러낸다는 점에서 뒤에 페이비언주의의 특징이 되는 '침투'의 원형을 보여주고, 나아가 연대와 이타주의를 강조했음을 알 수 있다.

제1호와 같은 제목의 소책자가 1984년 10월, 페이비언협회 창립 100주년을 맞아 피터 타운센드Peter Townsend가 쓴 제500호로 간행되기도 한 만큼 그 역사적 의의는 결코 무시할 수 없다.

쇼의 페이비언주의

페이비언 트랙트의 두 번째는 쇼가 쓴 『페이비언주의의 선언』이었다. 그 글에서 쇼는 "부를 누리면 수치스러워지고 부를 포기하면 불행해지는 것이 현 상황"이고 "남녀 모두 자신의 노동으로 자신의 필수품을 손에 넣는 것이 국가 구성원의 의무다"라고 선언했다.

이어 그는 "토지를 개인에게 맡기는 사유화 정책은 개인이 토지를 가장 잘 활용할 것이라는 믿음에 기초하고 있지만, 실제로는 언제나 그 반대였기 때문에 설득력을 잃고 있다"고 하고, 런던의 매연을 공기라고 할 수 없듯, 현 정부를 국가라고 할 수 없다(쇼106~107)고 했다.

이처럼 당시 정부를 가혹하게 비판한 쇼였지만 노동조합이나 협동조합, 임금이나 노동시간 등에 대해서는 아무런 언급이 없다. 이는 당시의 페이비언들이 노동문제에 대해 충분한 인식을 갖지 못했음을 보여준다. 이처럼 페이비언 트랙트 제1~2호는 사회주의라는 용어도 사용하지 않았고, 사회주의의 수단에 대한 구체적인 방안에 대해서도 언급하지 않았다.

쇼가 사회주의에 대해 보다 구체적인 언급을 한 것은 1896년에 쓴 『페이비언 정책 보고서』에서 다음과 같이 주장한 것이었다.

> 페이비언협회가 주장하는 사회주의는 전적으로 국가사회주의이다. (중략) 영국은 현재 정교한 민주적 국가기구를 가지고 있다. (중략) 우리에게는 대륙의 군주제 국가들에서 볼 수 있는 국가와 인민 간의 대립이라는 장애물이 없다. 예를 들면, 독일에서처럼 국가사회주의와 사회민주주의 간의 구분은 (중략) 영국에서는 의미가 없다.(Tract, No. 70, 5; 고세훈62 재인용)

앞에서도 강조했듯이 페이비언협회에서 말하는 국가사회주

의는 러시아나 히틀러 독일의 국가사회주의와 다른 것이다. 그 근본적인 차이는 의회주의와 민주적 단체의 인정 여부에 있었다. 그러나 빈곤을 해결하기 위해서는 국가가 적극적으로 국민의 사회생활에 개입하여 부의 분배를 공정하게 해야 한다고 주장한 점에서는 공통의 기반을 가졌다. 또한 페이비언협회가 말하는 국가사회주의는 페르디난트 라살레Ferdinand Lassalle, 1825~1864 등이 말한 국가사회주의와도 달랐다. 왜냐하면 라살레는 자본주의제도의 근본적 변화를 요구하지 않았고, 국가를 초계급적인 것으로 보아서 결국 오토 폰 비스마르크Otto von Bismarck, 1861~1871의 사회정책과 같은 자본주의 사회정책을 옹호한 것이 되었기 때문이다. 비스마르크의 정책을 나치스가 일정 부분 계승했다는 점에서도 독일식 사회국가주의의 맥락을 이해할 수 있다. 반면 페이비언협회는 자본주의의 사유를 부정하고, 그런 사회주의를 의회민주주의에 의해 이룩할 수 있다고 생각했다.

『사회주의자를 위한 사실』과 『런던 사람들을 위한 사실』

시드니가 1887년에 작성한 『사회주의자를 위한 사실』은 통계로 자본주의 사회의 모순을 고발한 소책자였다. 통계는 이미 사회민주연맹에 의해서도 사용되었지만, 여러 통계와 도표를 통해 자본주의를 비판한 것은 시드니의 이 소책자가 처음이었다. 그는 먼저 국가의 수입을 보여준 뒤, 그것이 노동자의 노동에 의해서만 이루어졌다고 하고 애덤 스미스가 "부의 유일한 원천은 노동"이라고 한 말을 인용했다.

이어 노동자 통계와 함께 그 3퍼센트 정도에 불과한 유한계급 idle rich 수치를 보여주면서 후자는 최대의 사회악이라고 비판한 존 스튜어트 밀의 말을 인용했다. 시드니는 그들의 생활방식인 지대와 자본이자, 수익과 급료를 보여주고 밀의 주장, 즉 "지대는 독점의 결과"이고 모든 형태의 독점은 유한계급을 지원하는 노동자의 세금이라고 했다. 이어 계급구조와 그것으로 인한 두 개의 국가, 즉 교육, 안락, 생활보장에서 절대적인 차이가 생겼다고 했다.

이어 경쟁적 투쟁 및 투쟁으로 인한 희생자, 그리고 사회악이라는 현실을 보여준 뒤, 그 근본원인이 "자본에 대한 노동의 종속이며, 생산수단의 소유자들이 생산물에서 가로채는 거대한 착취물"이라는 밀의 말을 인용하고, 지대와 이자의 반환과 계급차별의 철폐라는 사회주의적 방안에 의해서만 해결될 수 있다고 역설했다. 시드니는 이를 위해 폭력혁명이 아닌 입법혁명과 지방자치에 의한 개혁이 필요하다고 주장했다. 즉 지대 및 이자의 반환은 누진세로, 가스 · 수도 · 전기 · 시장 · 도서관 · 체육시설 등은 지방자치단체가 공동선을 위해 운영해야 한다고 역설했다.

이러한 통계와 도표를 통한 '사실 발견의 노력과 시도'는 페이비언협회의 특징이었다. 그 대안으로 제시된 지역사회주의 municipal socialism는 뒤에 '가스와 수도의 사회주의'라고 비난을 받기도 했지만, 도리어 자치를 핵심으로 하는 민주주의의 반영이었음을 주목해야 할 것이다.

이러한 『사회주의자를 위한 사실』의 방법론과 이념은 『런던 사람들을 위한 사실』에도 그대로 이어졌다. 그것은 런던의 면적, 런던 사람들의 사회적 조건, 연간 지대, 불로소득, 지방자치단체 개혁, 빈민법 개혁, 병원, 공립학교, 주택, 수도, 가스, 시가전차, 시장, 하천과 부두, 공중목욕탕과 세탁소, 공공도서관, 공영주택, 택시, 묘지, 재정 및 예산 등을 통계와 도표로 보여주고 그 대안으로 사회민주주의를 제시한 것이었다. 그 내용 중에는 4명 중 1명이 빈민소 등에서 사망한다는 사실의 폭로와 같이 충격적인 것들도 많았다.

『페이비언 사회주의』 서문 — 국유화와 점진주의의 원칙

『페이비언 사회주의』에는 4개의 서문이 있다.

1. 1889년판 서문 — 쇼
2. 1908년판 서문 — 쇼

3. 1920년판 서문 — 시드니

4. 1931년판 서문 — 쇼

쇼와 시드니가 서문을 여러 차례 쓴 것을 두고 그들이 페이비언협회의 대표라고 생각할 필요는 없다. 그들이 이념적 지도자였던 것도 아니다. 집필자 7명의 견해가 반드시 일치하는 것은 아니라는 점은 1889년판 서문에서 "개별적 특징은 결코 희생되지 않았으며, 전원이 다 합의하지 않았다는 이유로 특정 표현이나 의견이 배제되는 일은 결코 없었다"(페이비언88)라고 한 점에서도 알 수 있다. 그러나 다음과 같은 공통성은 인정되었다.

> 저자들 모두는 산업조직과 생산수단이 국가, 즉 완전한 민주주의를 실천하는 전 인민에 귀속되어야 한다는 신념을 공유하는 사회민주주의자들이다(페이비언88).

즉 국유화가 페이비언주의의 최고 원칙이라는 것이다. 이와 달리 흔히 페이비언주의의 최고 특징으로 지적되는 점진주의는, 적어도 서문의 차원에서는 1908년 서문에서 볼 수 있다. 그것은 『페이비언 사회주의』를 "사회주의의 방법으로서 파국주의catastrophism를 용인하지 않는 최초의 사회주의 교과서"라고 했다

(페이비언69). 페이비언협회는 파리코뮌처럼 실패로 끝나고 싶지 않았다고도 했다.

> 페이비언은 자산계급은 주저 없이 발포할 준비가 되어 있다는 것과, 항상 그랬듯이 오늘날에도 실패한 혁명가들은 중상, 위증, 잔혹, 가차 없는 사법적 · 군사적 학살에 직면할 수 있다는 것을 너무나 잘 알고 있다(페이비언74).

1908년에 쇼는 "우리를 말할 수 없는 혐오의 눈길로 보던 낭만적 동지들의 틈바귀 속에서" "오늘날 사회주의를 성공한다 할지라도 천년왕국의 허풍으로 끝날 파괴적 봉기로 간주하는 사람은 없"도록 만들었다고 자부했다(페이비언75). 그러나 그 결과 "사유재산의 종식을 촉구하려는 기운은 날이 갈수록 힘을 얻고 있다"(페이비언76)는 낙관주의는 과연 사실이었을까.

반면 시드니가 쓴 1920년판 서문은 초판의 여러 문제점을 지적하고 그것들을 보완하려는 성실한 태도를 보여주었다. 이는 1931년판 서문을 비롯해 쇼가 쓴 3편의 서문과 구별되는 점이다.

『페이비언 사회주의』 제2장 '역사'

『페이비언 사회주의』는 제1장 '경제'로 시작하지만 제2장 '역사'를

제1장으로 하는 것이 옳았다고도 생각한다. 역사적 고찰 다음에 경제이론을 전개하는 것이 상식적이기 때문이다. 물론 사회주의에 관한 책으로서 경제적 토대를 중시한 것으로 이해되지만 말이다.

그 제2장에서 필자인 시드니는 19세기를 "토지와 산업의 무제한적 사적 소유"와 "정치적 과두제"의 결탁으로 인한 "산업적 개인주의의 실패"로 시작되어 사회주의에 이른 것으로 파악했다(페이비언129).

> 이러한 개인주의적 질서는 항구적으로 지속될 수 없는 것이어서, 정치적 자유가 진전되면서 생산수단의 사적 소유는 잇달아 여러 모로 규제, 제한, 대체되어왔으니, 마침내 오늘날의 사회주의 철학이란 우리가 알지 못하는 사이에 이미 상당한 정도로 채택되어온 사회조직의 원칙들을 의식적이고도 명시적으로 천명한 것에 불과하다고 말할 수 있다. 금세기의 경제사는 사회주의의 진보에 대한 거의 중단 없는 기록이다(페이비언129).

시드니는 위 문단에 대한 각주에서 "1889년 5월에 발간된 《미국경제학회지》, 제4집, 2편에 실린 「영국에서의 사회주의Socialism in England」를 참조할 것"이라고 했다. 그 글과 같은 취지의 글인 페이비언 트랙트 제51호 「사회주의: 진실과 거짓Socialism: True and False」에서 시드니는 사회주의를 당대 사람들이 유토피아나 폭동주의라고 말하는 것을 무지의 소치라고 비판하고, 사회주의는 19세기 영국사에 도도히 흘러온 경향이었다고 주장했다. 그리고 1916년에 쓴 「사회민주주의를 향하여: 19세기 3/4분기의 사회적 진화에 대한 연구Towards Social Democracy: A Study of Social Evolution During the Past Three Quarters of a Century」에서는 1850년경부터 1875년까지의 기간에 집단적 소유collective ownership, 집단적 규제collective regulation, 집단적 제공collective provision, 집단적 과세collective taxation라는 방향으로 흘러갔다고 주장했다.

그리고 이러한 집단주의collectivism적 경향이 모든 국민에 의해 효과적으로 이루어져야 하고, 그 목표는 모든 국민이 현 정부에 대해 일체감을 갖도록 지향되어야 하며, 그 조직은 정부의 행동이 특정 계급의 권력이나 부를 위한 것이 아니라 모든 국민의 복지를 균등하고 일관적으로 실현하여 계속적인 사회발전을 확보해야 한다고 주장했다. 즉 집단주의를 민주적으로 통제하는 사회민주주의를 지향해야 한다는 것이었다. 나아가 그것을 방해하는 지주와 자본가에게 집단주의적 이념을 침투시켜야 한다고 주장했다.

여기서 우리는 시드니가 주장한 사회민주주의가 개인의 능력을 개발하고 개인의 욕구를 충족시켜주는 개인의 자유를 무한히 신장시켜줄 수 있는 것으로 앞으로도 반드시 지켜 나가야 한다고 주장한 점을 주목해야 한다. 따라서 사회민주주의가 단순히 사회주의를 의회주의라는 제도뿐 아니라 그 기본인 개인주의를 근거로 하고 있음을 주의해야 한다는 것이다. 이는 특히 시드니의 사회주의가 국가사회주의와 혼동되는 점을 경계하기 위해서다.

19세기 자유주의와 20세기 사회주의

시드니의 역사 인식을, 영국 헌법의 원천으로 여겨질 정도로 권위를 인정받는 법학자 앨버트 벤 다이시Albert Venn Dicey, 1835~1922가 19세기를 3개의 시대로 구분한 것과 비교해볼 수 있다. 다이시는 1800~1830년을 구토리주의old Toryism 또는 입법적 무위의 시대, 1825~1870년을 벤담주의 또는 개인주의 시대, 1865~1900년을 집단주의 시대로 구분했다. 마지막을 집단주의라고 말하는 이유는 그 내용이 공권력에 의한 사회적 약자의 보호, 계약자유의 제한, 노동자의 단체행동에 대한 법적 보호, 사회적 평등화의 지향을 담고 있기 때문이다.

다이시는 집단주의를 "국민 대중에게 이익을 주기 위해 개인의 자유를 어느 정도 희생하여도 국가의 간섭을 환영하는 태도", 즉 복지국가를 지향하는 태도라고 했다. 그런데 그것은 무원칙과 무이론을 특징으로 하는 것으로, "지금도 하나의 학설이라기보다 도리어 하나의 감정이다"라고 하면서 벤담주의에서 집단주의로 이행하는 과정의 특수성을 공장법, 교육법, 노동조합법 등에 반영된 "벤담주의의 영향에 의해 비로소 제정된 일련의 법령"은 무의식적인 입법적 여론의 변화에 근거하여 마침내 사회주의라는 방향으로 바뀌었다고 했다. 다이시는 19세기 말의 이러한 집단주의적 경향에 대항하고, 그것으로 인해 권위가 실추된 벤담주의적인 자유방임주의의 명예를 회복하는 것을 자신의 과제로 삼았다.

앞의 인용에서 시드니가 "사회주의 철학이란 우리가 알지 못하는 사이에 이미 상당한 정도로 채택되어온 사회조직의 원칙들을 의식적이고도 명시적으로 천명한 것에 불과하다"고 한 역사인식, 즉 '무의식 중의 사회주의'라는 인식은 다이시의 그것과 같다고 할 수 있지만, 결론은 전혀 반대로 시드니의 경우 사회주의적 집단주의로 계속 나아가야 한다는 것이었다.

여기서 주의할 점은 사회주의적 집단주의가 그 이전의 자유주의적 개인주의와 완전히 대립되는 것이 아니라, 자유주의적 개인주의로부터 사회주의적 집단주의가 나왔다고 하는 역사적 연관성이다. 이를 좀 더 이해하기 쉽게 설명하기 위해 자유주의를 '자유방임적' 자유주의와 '국가간섭적' 자유주의로 나누어

볼 수 있다. 이 두 가지는 라스키가 『자유주의의 몰락*The Decline of Liberalism*』1940에서 서로 대립하는 자유주의의 두 조류라고 한 것에 대응되는 것들이다.

첫째 조류는 가장 기본적인 것으로서, 17세기의 과학혁명과 자연권 이론을 토대로 애덤 스미스나 존 로크John Locke, 1632~1704에서 맬서스를 거쳐 벤담에 의해 완성된 것이고, 둘째 조류는 첫째 조류가 파괴하고자 한 중세적인 유기체적 사회관에 뿌리를 내린 것이자 고대 그리스의 국가 개념으로부터 비롯된 것으로, 19세기의 토머스 힐 그린Thomas Hill Green, 1836~1882과 20세기의 레너드 홉하우스Leonard Hobhouse, 1864~1929 등에 의해 주장된 것이다. 이 두 조류의 대립을 라스키는 『자유주의의 몰락』에서 다음과 같이 요약했다.

> 자유주의의 이러한 두 가지 국면의 대립, 즉 하나는 소극적이고 다른 하나는 적극적이며, 하나는 원자적이고 다른 하나는 유기체적이며, 하나는 개인의 본질을 국가에 대한 적대에서 찾고 다른 하나는 개인의 본질을 국가에 의해 주어지는 맥락에서 찾는다고 하는 이러한 대립은 자유주의의 운명을 파괴한 위기를 설명하는 것에 큰 도움이 된다.(Laski6~7)

라스키가 주장하듯이 자유주의를 그 내부에서 분열시킨, 이러한 두 가지 대립적인 조류가, 그 첫째의 소극적이고 원자적인 자유방임주의를 대표하는 벤담주의 자체 내에 이미 포함되었다는 점을 상기하면, 이 두 가지 대립은 자본주의의 전체 역사를 통하여 자본주의의 발전에 수반한 정치적 및 사회적 조건의 변화에 따라 정도와 양상을 달리하여 전개되어왔다고 볼 수 있다.

시드니의 전통 사회주의에 대한 비판

시드니는 사회주의의 선구자와 그 저서를 다음과 같이 나열했다.

플라톤, 『국가』

토머스 모어, 『유토피아』

바뵈프, 『평등의 헌장』

카베, 『이케리아』

생시몽, 『산업체계』

푸리에, 『팔랑스테르』

오언, 『새로운 도덕체계』

콩트, 『정부론』

이상의 목록에 대해 의문을 제기할 사람들이 있을 수 있다. 플라톤이나 모어, 클로드 생시몽Claude Saint-Simon, 1760~1825이나 프랑수아 마리 푸리에François Marie Fourier, 1772~1837나 오언을 사회주의자로 보는 것은 일반적이지만, 바뵈프나 카베는 그렇게 알려지지 않았기 때문이다.

그라쿠스 바뵈프Gracchus Babeuf, 1760~1797는 프랑스의 빈농 출신 혁명가로 독학으로 루소에 공감하고 프랑스혁명 이후 봉건제도의 완전한 폐지와 함께 법과 신분의 평등을 넘어 교육과 노동의 평등, 토지사유의 제한, 생산과 분배의 국가 관리, 재산의 평등을 주장했다.

에티엔 카베Etienne Cabet, 1788~1856는 변호사로 7월혁명에 참여한 뒤 왕정에 반대하여 영국으로 망명한 뒤 오언과 엥겔스와 교류했고, 5년 뒤 사면되어 프랑스에 돌아간 뒤에는 기독교와 자연법을 기초로 한 공산주의 사회를 그린 공상소설 『이카리아 여행기 *Voyage en Icarie*』1839를 썼다. 그 뒤 미국에 건너가 텍사스주와 일리노이주에 공산주의 마을을 만들고자 했으나 실패하고 세인트루이스에서 죽었다.

시드니는 앞 목록의 사회주의를 "완벽하게 조화로운 균형"을 추구한 정태적인 것들이었다고 지적하고, 콩트와 다윈, 그리고 스펜서 등의 도움을 받아 "정태적인 사회적 이상이 동적인 것으로 바뀌면서 사회유기체의 부단한 성장과 발전의 필요성이 자명해졌다"고 한다(페이비언130).

이제 어떤 철학자도 옛 질서에서 새 질서로의 이전이 전 사회조직망의 급격한 변혁 혹은 연속성의 파괴를 동반하지 않는 점진적 진화의 과정임을 부인하지 않는다. 새로운 것은 종종 새롭다는 것을 의식하기도 전에 그 자체가 옛것이 되어 있으므로 역사는 유토피아적이고 혁명적인 이상향이 돌연히 찾아온다는 어떤 사례도 보여주지 않는다(페이비언130).

이는 사회를 단순히 원자화한 개인들의 집합이 아니라 개인과는 별개인 독립적 실체인 유기체로 보고, 사회는 유기체처럼 서서히 변화한다고 보는 것을 뜻했다. 그리고 그 "중요한 유기적 변화는 오로지" 다음과 같다고 설명했다.

1. 민주적으로, 따라서 다수 인민이 수용할 수 있어야 하며 모두가 그것을 위해 마음의 준비가 되어 있고,
2. 점진적으로, 따라서 진전 속도가 아무리 빠를지라도 혼란을 초래하지 않으며,
3. 다수 인민이 부도덕하다고 판단하지 않는, 따라서 주관적으로도 그들의 사기를 저하시키지 않으며,

4. 어쨌거나 영국에서는 합헌적이고 평화적이어야 한다는 것을 깨닫고 있다(페이비언135).

이를 흔히 말하는 '점진주의'라고만 할 수는 없다. 기본적으로 그것은 민주주의적이고 법치주의적인 것이다. 그래서 시드니는 "사회주의란 민주적 이상의 경제적 측면에 다름 아닌 것"(페이비언136)이라고 했다.

그런데 시드니는 이러한 민주주의의 강조를 영국에서 민주주의가 다른 나라보다 빨리 발전되어왔기 때문이라는 식으로 주장하는 것을 거부했다. 즉 영국에서는 유럽 대륙과 달리 1215년의 마그나카르타나 1648년의 청교도혁명 또는 1688년의 명예혁명 때부터 시민적 자유가 확보되었다고 주장하는 경향이 있지만, 이는 "정치적 '형식'의 차이"에 불과하고 어디에서나 "인민대중에게는 복종만이 주어졌다는 점에서 차이가 없었"(페이비언137)고 "영국에서 중세적 정신을 최종적으로 붕괴시킨 것은" "18세기의 산업혁명"이었고 그 후 "도시민주주의, 정치경제학 연구, 그리고 사회주의가 불가피하게 따라"왔다고 주장했다(페이비언140).

경제이론과 도덕

『페이비언 사회주의』 제1장 '경제'를 쓴 사람은 앞에서 보았듯이 극작가인 쇼였다. 극작가가 썼다는 이유에서 그 글에 문제가 많다고 할 수는 없지만, 페이비언협회가 전반적으로 마르크스주의와 같은 체계적 경제이론을 갖지 못했다는 점은 항상 지적되어왔다. 사회주의로의 이행을 도덕적인 측면에서 설명하는 제4장 '도덕'의 필자 올리비에나 제5장 '사회주의하에서의 소유'를 설명하는 월러스의 경우도 마찬가지다. 그들의 경제이론이라는 것이 더 이상 경제학의 차원에서 논의되지도 못하고 있다.

페이비언주의자들의 경제이론이 마르크스주의자의 그것과 다르다는 것은 두말할 필요가 없다. 도리어 그들은 마르크스의 노동가치설 대신 윌리엄 스탠리 제번스William Stanley Jevons, 1835~1882의 한계효용설, 역시 마르크스의 잉여가치설 대신 헨리 조지나 데이비드 리카도David Ricardo, 1772~1823의 지대론에 입각한 점에서 영국적이었다.

『페이비언 사회주의』 제1장 '경제'는 "모든 경제 분석은 지구의 개간에서 시작한다"로 시작한다(페이비언91). 그리고 아담이 개간한 땅에 다른 아담들이 오면 그들은 아담에게 땅을 빌릴 수밖에 없어서 지대가 발생하고 아담은 불로소득자, 다른 아담들은 프롤레타리아가 된다고 설명한다.

『페이비언 사회주의』 제4장 '도덕'에서 올리비에는 이러한 과정을 도덕적으로 설명했다. 극소수 소유자와 대다수 비소유자의 사회에서는 공중도덕이 타락한다는 것이다. 따라서 본질적으로 반사회적인 지대를 노동에 부가하든가 사회에 귀속시켜야 한다고, 즉 사회주의가 도래해야 한다고 그들은 주장한다.

여기서 우리는 『페이비언 사회주의』 이후에 시드니가 그의 경제이론을 전개한 바를 살펴보도록 하자. 먼저 1896년 페이비언 트랙트 제69호 『개인주의의 어려움』에서 개인주의적 사리 추구형의 경제체제를 다음과 같이 규정했다.

1. 최선의 정부는 국민을 최소로 통치하는 정부이다제한정부.
2. 가능한 한 최대의 활동범위가 개인 기업인에게 주어져야 한다. 즉 정부는 개인 기업인에 대한 간섭을 배제하여 개인 기업인에게 최대한 자유롭게 활동하도록 보장해야 한다기업의 자유 보장.
3. 건전한 산업사회를 이룩하기 위해 공개경쟁, 그리고 법적 제약의 완전한 자유가 보장되어야 한다자유경쟁 및 정부 간섭 배제.
4. 기회균등이라는 바람직한 목표를 이룩하기 위해 각자에게 그가 소유할 수 있는 부에 대해 완전한 소유권을 허용해야 한다재산권 보장.
5. 최선의 사회 상태란 각자가 최선이라고 생각하는 방향대로 자신의 이익을 추구하게 해야 한다자유방임.(Tract, No. 69, 5)

그러나 웹은 반세기도 안 되어 개인주의적 경제체제는 다음과 같은 문제점을 드러냈다고 지적했다.

1. 산업재해와 사회적 불행이 계속 발생했음에도 개인 기업인들은 그것을 외면하고 자기의 영리추구에만 몰두하여 사회적 비판이 증가하고 양심의 가책이 증대되었다. 이에 대해 공장법을 확대하여 고용인이 노동자의 작업환경을 개선하고, 10~8시간 노동제, 그리고 아동노동 및 여성노동의 금지로 해결하고자 했다.
2. 개인주의적 산업경영에 입각한 치열한 자유경쟁 원리는 지주계급의 토지독점과 자본가계급의 자본독점을 보호하게 했고, 그 결과 인구의 5분의 1에 해당하는 지주계급 및 자본가계급이 총생산량의 3분의 2를 차지하는 부조리를 낳았다.(Tract, No. 69, 15)

이러한 사태에 대해 시드니는 토지국유화와 토지 과세, 산업국유화와 소득세 및 상속세의 누진을 주장했다. 즉 산업의 집단적 규제를 주장했다.

체제 이행을 위한 계획

시드니는『페이비언 사회주의』에서 체제 이행을 위한 계획으로 다음 여섯 가지를 제시했다.

1. 세제개혁

소득세의 증가, 근로소득에 유리하도록 불로소득과의 과세 차별화, 상속세의 균등화와 상향, 주택세와 지방세를 점유자 부담에서 소유자 부담으로 전환, 토지세 강제 상환, 고용허가 및 즉결심판에 대한 수수료 폐지 등을 통해 과세 대상을 노동자로부터 지대이자 소득자로 완전 전환하여 후자를 점진적으로 소멸시킴

2. 공장법 확대

모든 사용자에 대한 공장법 확대, 사용자 강제등록, 공장감독관 증원과 노동자계층으로부터의 충원, 1일 8시간제, 공공계약상 도급 금지 등을 통한 최저임금 확보와 노동자 생활수준의 향상 도모

3. 교육개혁

초등학교 수업료 폐지, 교육부 창설, 정부의 중등 장학금 제공, 야간학교 개설, 사립학교의 등록과 감사를 통한 모든 아동의 의무교육 확립

4. 빈민법 행정 개편

노령 병자의 빈민소 분리 수용, 노동능력 있는 극빈자를 위한 산업조직 및 기술교육, 한시적 실업 구호사업, 빈민구제위원회 폐지 및 지방정부 관리를 통한 노령 · 질병 · 실업자에 대한 낙인 없이 충분한 급여 제공

5. 지방정부의 기능 확대

토지수용에 대한 행정 지원과 부적절한 거주지의 해체 및 노동자 숙소 제공, 가스 · 수도 · 시장 · 전차 · 병원 · 묘소 · 공원 · 박물관 · 미술관 · 도서관 · 학교 · 부두 · 수로 등에 대한 행정 확대, 농지 분할 대여 등을 위한 토지수용 등을 통한 공적 노동조직의 확대 및 사적 자본가와 중간상인 제거

6. **정치기구 개혁**

모든 성인에 대한 선거권 부여, 거주기간 요건 폐지, 의회의 매년 개원, 선거비용 지급, 모든 대표자에 대한 세비 지급, 결선투표제 도입, 상원 폐지 등을 통한 다수 인민의 대표성 확보

위에서는 국유화에 대한 주장을 볼 수 없지만 페이비언협회가 국유화를 주장한 것은 앞에서 보았듯이 분명한 사실이다.

페이비언 사회주의의 한계

페이비언 사회주의가 위로부터의 개혁을 주장하고 그 결과 노동자 및 노동조합에 의한 사회개혁의 중요성을 경시한 점은 그 한계로 지적되어왔다. 『페이비언 사회주의』 1920년판 서문에서 시드니도 그 점을 지적했다.

우리가 노동조합주의의 의의에 대해 충분한 관심을 보이지 않았다

는 점은 분명한데, 이 책은 정치적 세력으로서 혹은 사회구조의 어떤 본질적 부분을 형성하는 것으로서의 노동조합주의에 관해선 언급조차 하지 않았다(페이비언53).

그러나 웹 부부는 『노동조합운동의 역사』1894나 『산업민주주의』1897를 집필하면서 노동조합에 대한 연구를 했고, 페이비언협회 차원에서도 노동조합의 중요성은 충분히 인식되었다. 시드니는 같은 서문에서 협동조합운동에 대해서도 주의를 기울이지 못했다고 하면서도 그 책이 나온 뒤 1890년 비어트리스에 의해 협동조합운동에 대한 책이 나왔다고 했다(페이비언54). 농업에 대해서도 마찬가지 비판이 나왔다. 페이비언주의자들은 국가나 지방정부가 아닌 농민이 직접 농토를 소유하는 것을 반사회주의적인 것으로 거부했다.

『페이비언 사회주의』 1920년판 서문에서 시드니는 그 책의 초판에 나타난 실업문제 대책에도 잘못이 있었다고 지적했다.

우리는 현상을 적절히 조사하지도 않은 채 다른 사회주의자들뿐만 아니라 보통의 경제학자들과 정치인들과 마찬가지로, 대규모의 실업이 주기적으로 재발하는 것은 완벽히 조직적인 집산주의 이외의 어떤 체제하에서도 사실상 방지될 수 없다고 가정하는 오류를 범했다(페이비언58).

이러한 오류는 1909년 비어트리스가 제출한 「소수파 보고서」에 의해 수정되었다고 시드니는 말했다.

또 하나의 문제점으로는 시드니가 사회개혁의 요건으로 민주주의와 점진주의를 주장했지만, 왜 그것만인가, 왜 폭력적 혁명으로는 사회주의에 이르지 못하는가에 대해 명확한 답을 제시하지 못했다는 것이 지적된다. 이는 뒤에 시드니나 쇼가 의회주의를 회의하게 된 점과도 관련된다. 즉 의회주의에 대한 명백한 논리적 확신이 없었던 탓에 결국은 파시즘이나 스탈린주의에 기울게 되었다는 비판이다.

이는 『페이비언 사회주의』의 필자들이 사회주의 이행에 대해 너무 낙관적이었고, 이는 인간성에 대한 그들의 낙관주의에서 나왔다는 비판과도 연관된다. 즉 문제가 있는 사회현실을 설명하고 사회주의가 바람직하다고 설득하면 사회주의가 된다는 식이었다는 것이다. 이는 사회주의가 되기 위해서는 최소한 계획경제가 필요하고, 국유화 기업의 운영문제나 국제관계 같은 것이 중요하다는 점을 페이비언협회에서는 제대로 인식하지 못했다는 비판과도 연결된다. 그러나 이러한 문제점들은 뒤에 대부분 보완되었다.

2 의회사회주의, 지방사회주의, 교육사회주의

시드니의 정치이론

시드니의 정치이론은 의회사회주의론과 도시사회주의론 및 지방자치주의론으로 나뉜다. 광의로는 복지국가론도 정치개혁론에 포함되지만 이에 대해서는 아래에서 별도로 살피도록 하고 여기서는 앞의 세 가지를 검토해보자. 먼저 시드니의 정치사상은 무엇보다 인민의 정부 및 통치popular government를 이념으로 하는 것이었다. 이러한 인민통치는 다수 인민이 인민을 위한 입법활동과 통치활동을 위해 통치기구에 적극적으로 참여해야 가능하다고 시드니는 주장했다. 이처럼 최고 입법기관인 의회에 인민이 참여하여 인민을 위한 입법을 하는 것을 시드니는 의회사회주의라고 일컫고 다음을 주장했다.

1. 의회나 시의회의 선거 시 모든 성년 남자에게 투표권 부여
2. 일정 지역에 일정 기간 거주할 것을 요구하는 선거 자격요건을 철폐
3. 비밀투표
4. 상원 및 세습관리귀족 폐지(*Socialism* 98~117)

나아가 시드니는 인구가 조밀하고 경제구조가 복잡한 현대국가에서는 정부가 하나여서는 안 된다고 주장했다. 즉 권력집중은 전시가 아닌 평시에는 개인의 자유를 침해하고 그 존재 자체의 목적인 최대다수의 최대행복을 저해한다고 주장했다. 따라서 군국주의를 범하기 쉬운 중앙집권화를 거부하고 자치를 유지하고 발전시켜야 한다고 했다. 중앙정부와 함께 그 보조자인 지방정부의 활동범위를 가능한 한 확대하고 그것에 모든 계층이 참여하도록 하는 참여민주주의가 바람직하다고 보았다. 이러한 생각은 페이비언 정치학자인 라스키의 다원적 국가론의 영향을 받은 것으로서, 웹 부부는 그러한 민주주의가 공장과 농장, 철도와 광산 등에도 확대되는 산업민주주의로 나아가야 한다고 『산업민주주의』에서 주장했다.

시드니는 참된 민주주의 국가에서는 국가의 정책이 모든 사람에게 골고루 미쳐야 한다고 보았다. 즉 19세기에는 국민이 추상적이고 포괄적인 개념으로서 실존하는 개별 인간이나 소수자를

고려하지 않았지만, 20세기의 민주국가에서는 각자의 특수한 입장이나 개성이 존중되어야 한다고 했다. 즉 각자의 사정에 따라 학교교육이나 빈민사업이 시행되어야 한다고 보았다. 여기서 보다 개별적이고 전문적이며 과학적인 복지정책이 필요하게 된다고 하고, 그 최저기준을 내셔널 미니멈이라고 정의했다. 그리고 그 내용을 다음과 같이 정리했다.

1. 최저생계보장national minimum in subsidence
2. 최저휴식보장national minimum in leisure
3. 최저위생보장national minimum in sanitation
4. 최저아동보장national minimum in child nurture

최저생계보장은 최저임금제, 최저휴식보장은 1일 8시간 1주 48시간제, 최저위생보장은 전염병, 음료수, 하수도, 최소한 방 3개와 부엌 1개를 갖는 주택, 상설 병원 등, 그리고 최저아동보장은 대학까지의 교육 및 장학금 등을 포함한다.

지방사회주의와 도시사회주의

앞에서 본 『페이비언 사회주의』에서 쇼는 자본주의가 자산계급에는 불로소득지대, 이자, 이윤 등을 포함, 프롤레타리아에게는 빈곤을 초래하는 불합리한 경제조직이라고 주장하고, 불로소득을 점차적으로 공유화하는 것이 사회주의라고 했으나, 토지와 산업의 국유화보다 도시 자치단체에 의한 불로소득의 징수와 토지수용 확대에 의한 재원 확보로 도시 자치단체 사업을 확대하는 것을 중시했다. 따라서 민주적인 도시 자치단체의 존재가 사회주의 이행에 불가결하다고 강조했다. 시드니는 버밍엄 등 여러 지방 도시의 자치단체 산업 전개를 보고 산업활동에 대한 사회 개입이 증대하는 경향을 사회주의를 향한 역사의 불가피한 진화 과정이라고 보았다.

『페이비언 사회주의』 1920년 서문에서 시드니는 국가사회주의와 대비되는 지방사회주의가 떠안아야 할 방대한 영역이 있고, "사회주의 국가에서는 민주적으로 조직되고 실질적으로 자율적인 다양한 지역관리조직들이 중요한 역할을 담당해야 한다"(페이비언55)라고 말했다.

> 우리는 성격상 불가피하게 '관료적'일 수밖에 없으며 사회생활 곳곳에 침투하는 획일성이라는 악몽과 다름없는 단일한 국가즉 중앙정부 고용인이 휘두를 가상적 전제에서 우리를 해방시키는 데 있어서, 이들 조직이 담당할 복합적 역할들의 중요성을 매우 명료하게 인식하게 되었다(페이비언55).

이러한 경향은 페이비언협회의 침투 전략에 의해 1888년 지방정부법이 통과되고 그것에 의해 시의회London County Council 창설이 결정된 뒤 다음 해 제1회 선거가 행해져 최초의 공선公選 의회가 탄생한 것과 관련되었다. 선거 후 1889년, 시드니는 페이비언협회의 이름으로 런던시의회의 과제를 제시했다. 이어 1891년에는 다음 해의 제2회 선거에 대비하여 도시정책을 제시하는 광범위한 선전활동을 폈다. 같은 해 출판된 시드니의 『런던 프로그램』 이후 이러한 도시사회주의를 위한 개혁은 그 뒤 20년 이상 계속되었다.

『런던 프로그램』에서 시드니는 19세기 말 산업혁명과 나폴레옹 전쟁의 결과 런던은 인구 430만 명의 세계 최대 도시가 되었지만, 심각한 도시문제를 안고 있다고 보았다. 1871년 이후 인구는 100만 명 넘게 증가했으나 공공서비스가 확충되지 못했고, 특히 100만 명의 노동자는 한 가족당 1주에 1기니 이하의 빈곤 상태에 있었으며, 1889년 파업에서 보듯이 미숙련 노동자의 고용은 언제나 불안했다. 빈민제도는 빈민 처벌에 치중했고, 노동자 거주지역의 높은 사망률이 보여주듯이 공중위생도 불량했다. 런던의 주택 및 토지의 임차인은 고액의 임차료와 국세 및 지방세에 허덕였다. 그 결과 추악한 빈민굴이 도처에 등장하고 노동인민의 도덕은 땅에 떨어졌다. 반면 지주계급은 막대한 불로소득으로 엄청난 부를 축적하고 퇴폐적 생활에 탐닉했다.

한편 런던을 비롯한 지방자치단체의 행정제도는 지극히 비민주적이고 비효율적이었다. 이에 시드니는 사회 전체의 복지를 위한 이용이라는 공통 목적을 향해 전국의 개혁자들이 단결할 것을 호소하며 다음과 같이 주장했다.

> 수도에 가장 필요한 것은 (중략) 시민 사이의 공동생활적 감각을 더욱더 성장시키는 것이다. 과거 이탈리아 자유도시의 특징이었던 '자치 · 도시의 열정', 우리의 지방도시에서 이미 나타난 이 열정은 런던에서 개인주의적 행동과 비교하여 시민연대적 행동의 활동범위를 점차 확대함으로써 가장 잘 발전될 수 있다. 따라서 런던 시정의 개혁은 단지 거리나 하수도 정비문제가 아니다. 우리는 수도 행정을 개선하기 위해서만이 아니라, 그 시민의 자질을 발전시키는 가장 좋은 수단으로 우리의 수도를 자치도시로 만들어야 한다.(*London*, 서문, v~vi)

이러한 이념에 입각하여 시드니는 『런던 프로그램』에서 개혁정책을 다음 여섯 가지로 제시했다.

(1) 도시 행정기구의 민주화와 능률화

시드니는 지방의회의 권한을 근본적으로 확대하고 하급행정기구를 개혁해야 한다고 주장했다. 당시 가스와 수도 등의 공공서비스 사업은 사기업이 담당했고, 도로 관리와 지방세 징수는 기존의 하급 행정기구인 교구회Parish Vestry, 구사업위원회Distict Board of Works의 권한에 속했고, 경찰은 내무부에 속했다. 또 예산의 편성과 집행은 제국의회의 엄격한 감독을 받았다. 시드니는 이 모든 권한을 지방자치단체에 부여하고 중앙정부의 개입을 제거하여 참된 자치단체로 만들고자 했다. 특히 자치단체 경찰의 구상은 1887년 11월에 터진 '피의 일요일' 사건에서 비롯되었다.

그리고 종래의 교구회와 구사업위원회를 폐지하고 민주적이고 능률적인 행정기관을 신설해야 한다고 주장했다. 종래 그런 기구는 소상인들의 명예직 중심으로 지극히 비능률적이었으며 시민에 대해 어떤 책임도 지지 않았다. 시드니는 새로운 행정기구, 즉 하원선거구를 기준으로 하여 30만 명 정도의 구를 만들어 구의회District Council를 설치하고, 납세액에 따른 선거권 제한을 철폐하고 선거비용의 공적 부담에 의해 민주적 선거를 보장해야 한다고 주장했다. 또 노동자 의원이 의사에 참가할 수 있도록 의회를 야간에도 열어야 한다고 주장했다. 구의회와 시의회 사이의 관계에 대해서도 전자의 권한을 확대하는 분권주의를 주장했다.

(2) 공공 서비스 산업의 공유 및 공영화와 시민시설의 정비

앞에서 말했듯이 런던의 가스, 수도, 시가철도, 제방 등 공공 서비스 사업을 종래 소수 사기업이 이윤 본위로 경영하여 거대 도시화에 따른 시민 생활기반의 계획적 정비를 지체시키고 있었으므로 시드니는 그러한 사업의 공유와 공영화를 주장했다. 그 목적은 첫째, 각 사업을 보다 능률적이고 계획적이고 경제적으로 시민에게 제공하고, 둘째, 사기업 경영하에서의 열악한 노동조건을 공유화에 의해 규제하고, 공적 경영을 확대하여 8시간노동과 공정임금 등의 노동조건이 더욱 안정된 고용을 노동자에게 직접 제공하고, 셋째, 사업에 유해한 파업을 방지하는 것이었다. 즉 소비자와 노동자의 이익과 사업경영의 효율성을 종합적으로 실현하자는 것이었다.

그리고 시민시설 분야에서는 도서관, 미술관, 박물관, 체육관, 식물원, 공원, 광장 등을 자치단체가 계획적으로 정비해야 한다고 주장했다. 또 빈민의 열악한 주택 사정과 도심부의 과밀 해소책으로 청결하고 저렴한 노동자주택을 교외에 대량 건설하고, 공영의 시가철도에 의한 무료 통근을 실시하고, 공영의 무료 숙박소를 운영해야 한다고 주장했다.

(3) 의료와 공중위생의 공적 정비

런던의 200여 병원과 의료기관의 경우 재원과 환자, 의사와 간호사, 의대생의 쟁탈로 인해 시민에 대한 의료제공이 제대로 이루어지지 못한 점을 비판한 시드니는 자치단체가 공공적 책임을 가지고 시민의료를 담당해야 한다고 주장했다. 즉 시의회가 임명하는 병원위원회를 설치하여 기존의 병원을 통합하거나 재배치하도록 해서 과도한 경쟁을 배제하고, 공립병원을 의료시설이 부족한 지역에 계획적으로 신설하여 모든 시민이 충분한 의료를 제공받도록 하고자 했다. 또 공중목욕탕, 세탁장, 공중화장실을 확충하여 특히 노동빈민의 위생상태를 개선하고, 공공묘지를 각 구에 계획적으로 배치하여 시민의 부담을 덜어주어야 한다고 주장했다.

나아가 그는 미처리 하수나 농업비료에 의한 수질 오염, 공장과 가정이 배출하는 매연에 의한 대기오염을 방지하기 위해 하수처리 시설의 완비, 상수용 수원의 확보, 석탄 대신 가스로의 연료 사용 전환, 집중 냉난방 시스템에 의한 유해 폐가스의 집중관리 등을 주장했다. 이처럼 도시공해로부터 시민의 건강을 지키려는 시도는 당시로서도 선구적인 것이었다.

(4) 빈곤시민의 구제

1888년 런던 사망자 중 4분의 1 이상이 작업장 등의 공적 시설에서 죽었고, 빈민구제를 받지 않을 수 없는 사람들이 연간 40만 명에 이른다고 분석한 시드니는, 그런 빈민이 경쟁사회의 희생자이고 빈민이라는 미명하에서 가혹하게 대우함은 문명사회의 치부라고 비판했다. 그는 도시빈민에 대해 종래의 처벌 중심에서 벗어나, 빈곤의 실정과 원인에 따른 구제를 해야 한다고 주장했다. 즉 첫째, 빈곤 아동을 빈민굴 등에 수용하는 것을 중지하고 일반 가정에서 기숙하게 하거나 소집단으로 보모가 양육하도록 함과 동시에 통상의 학교에서 직업교육을 실시하여 장래 선량한 시민으로 독립할 수 있도록 조치하고, 둘째, 노인 빈민의 경우 형무소와 같은 시설에 부부를 격리 수용하는 것을 중지하고 양로원을 정비하고 연금을 지급하고, 셋째, 만성병 질환자와 증가 중인 노동재해 희생자를 빈민병원이나 휴양소에 수용하는 것을 중지하고 공립병원에서 극진히 간호하고, 넷째, 일시적 실업자는 그들의 태만 탓이 아니라 자유방임경제의 필연적인 산물로 보아야 하고, 자치단체의 임시고용을 통해 위급한 경우를 구제함과 동시에 장기적으로는 자치단체의 직영사업을 확대하여 실업자를 흡수하고, 다섯째, 만성적 태만에 의한 빈민은 노동 식민지를 만들어 그들이 갱생하도록 해야 한다고 주장했다. 이는 사회보장제도의 초기적 제안이었다. 또 빈민행정제도에 대해서는 민주적 선거에 의한 신빈민위원회를 설치하고 빈민세를 평등하게 해야 한다고 주장했다.

(5) 교육제도의 개혁

런던 교육개혁의 중추로 시드니는 다음을 제안했다. 첫째, 초등교육3~13세 비용을 부모가 담당하는 것을 폐지하고 걸식아동에게는 무료급식을 실시하고, 둘째, 중등학교와 기술학교를 정비하고, 장학금제도를 확충하여 제2차 교육을 강화하고, 셋째, 초등교육 종료 후 취직하는 자에 대한 야간학교제도를 개선하고, 넷째, 비종파적 공립의 교원 양성대학을 설립한다는 등이었다. 교육 보급을 통하여 시민의 문화적 및 과학적 자질을 향상시키고 유능한 인재를 양성함과 동시에 교육 격차에서 생기는 수입의 차이를 장기적 시야에서 철폐하는 것이 그의 의도였다.

(6) 세제개혁에 의한 불로소득의 징수

시드니는 런던의 재정 지출이 급격한 거대도시화에 대응하기 위해 방대하게 되었고, 종래의 지방세부동산 임차가격에 따라 점유자에게 부과된만으로 부담할 수 없다고 지적하면서, 세부담의 공평성이라는 차원에서 부동산 소유자에게 과세해야 한다고 주장했다.

그 근거는 도시 중심지의 지대 및 임대료의 급격한 상승이었다. 1870년부터 1886년 사이에 런던의 토지와 건물에서 오른 총수입의 증가액은 약 1,500만 파운드였고, 그중 신개축 등에 의한 자본 투하의 지가는 900만 파운드였는데, 그 차액은 어떤 자본 투하에도 의하지 않은 불로증가不勞增價였다. 이러한 불로증가는 런던의 급격한 인구 증가, 산업중심지로서의 발전, 빈민의 열악한 주택 사정 등에 의한 주택과 토지 수요의 급격한 증대의 결과이고, 런던의 노동자가 부동산 소유자에게 주는 매년의 선물이라고 시드니는 주장했다. 그는 이러한 불로증가가 거의 비과세임을 비난하고 자치단체가 그것을 흡수하지 않으면 팽창하는 도시는 파멸할 수밖에 없다고 주장했다. 그래서 그 흡수 방법으로서, 종래의 지방세 부담을 부동산 점유자에서 소유자로 전환하고, 자치단체가 소득세와 상속세를 신설해야 한다고 주장했다.

도시사회주의의 특징과 한계

이상 시드니가 주장한 도시사회주의에는 다음 세 가지 특징이 있었다.

첫째, 그의 중심적 관심은 노동자 시민의 빈곤이었고, 그 원인은 종래 자유방임주의가 주장하듯이 개인적 태만이나 잘못이 아니라 도리어 자유방임주의가 초래한 분배의 불평등과 경제의 비효율성에 있다고 주장하면서 빈민법의 근본적 개혁을 요구했다. 이처럼 효율성을 중시한 점이 그의 특징이었다.

둘째, 불평등과 비효율을 해소하는 데에 자치단체의 역할이 지극히 중요하다고 주장했다. 그 역할이란 세제개혁에 의해 자산가 계급에서 흡수한 불로소득을 재원으로 삼아, 사기업을 공유 · 공영화하고 사회자본을 효율적으로 정비하면서 공영기업에 의한 직접 고용을 추진하고 노동조건을 개선하는 것이었다.

셋째, 민주적이고 효율적인 자치를 보장하는 도시 행정기구의 확립이 필요함을 강조했다. 민주적 자치행정의 실현으로 런던 번영을 직접 담당하는 노동자 시민이 그들에게 적합한 자질과 능력을 개발하는 조건을 정비하고, 자유 · 평등 · 박애라고 하는 런던의 공공선common wealth의 이상을 실현하는 것이 시드니의 궁극적 목표였다.

그러나 한계도 없지 않았다. 가장 큰 문제는 계획 실현의 주체인 노동자 시민에 대해 추상적인 파악에 그쳤다는 점이었다. 즉 시민의 정치참여에 대해 개개인의 투표권 행사 외에는 고려하지 않았고, 노동조합이나 협동조합이 사회개혁에 대해 갖는 중요성도 고려하지 않았다. 도리어 그러한 조합은 특수한 이익 옹호를 위한 조직으로 공공이익과 상반되는 기능을 하는 것으로 파악되었다. 시드니가 말하는 공공이익이란 소비자와 노동자의 이익,

그리고 사업경영의 효율성을 종합적으로 조화롭게 실현하는 것을 뜻했고, 그 실현 주체는 양식 있는 시민, 즉 자치도시의 정열을 가지며, 자유방임주의에 반대하는 공동생활 감각을 갖는 시민의 의지에 기초한 자치단체 의회였다.

시드니는 그 의회가 19세기 영국사의 필연적 경향인 정치의 민주화와 경제의 사회화에 따라, 초당파적으로 도시사회주의를 실현할 것으로 낙관했다. 이러한 정치권력에 대한 고찰의 결여에 의한 막연한 낙관주의는 노동조합 등에 대한 새로운 연구를 필요로 했다.

교육사회주의

앞에서 보았듯이 웹 부부는 대학교육을 받지 못했지만 그것을 이유로 기존의 대학교육에 불만을 가진 것은 아니었다. 당시의 교육체계, 특히 지극히 계급적인 옥스브리지 교육에 대해 회의한 것은 사회민주주의자로서 지극히 당연했다. 1890년에 쓴 『영국의 사회주의*Socialism in England*』 제5장에서 그는 두 학교를 고등교육의 제멋대로 구는 아이로 보고, 공부보다 사회적 위신 중심이며, 소위 지도자계급이라는 지배계급의 준비학교, 특히 종교지도자나 제국옹호자 같은 속임수 직업이나, 교만하고 수치심도 없이 스스로 '공공행정'이라고 부르는 직업을 목표로 한 게으름

뱅이들을 위한 예비학교라고 비판했다. 또한 그런 전통적 대학 생활은 최고의 교수조차 타락시키고 사상과 행동을 분리시킨다고 지적했다.

그러나 시드니는 그런 무능한 부자의 사치에서 생기는 낭비보다 유능한 빈민에 대한 무관심에서 생기는 낭비, 즉 잠재적 가능성의 상실에 항상 관심을 기울였고, 기회의 확대야말로 정의라고 주장했다. 그러나 정의는 항상 가난한 사람들의 질투나 원한으로 비난되었다.

그는 사회민주동맹이 주장했듯이 무상의 학교급식과 학교평의회 노동자의 노동조합 설립, 성서 교육과 기도 폐지, 모든 아동에 대한 중등교육 실시, 학교 건물의 개선, 교실 내장의 개선, 넓은 교정, 교원 증원, 소인수 학급과 고도의 교육 내용, 야간학급 설치 등을 요구했다. 또 장애자를 위한 특별학교, 유치원과 탁아소의 병설, 보육소의 확장 등을 요구했고, 기술교육의 확대, 학교 수료 연령의 14세로 인상, 교원과 여성의 장학관 진출, 종파와 무관한 훈련학교 설치 등도 요구했다. 또한 교육을 주목적으로 하는 런던의 새로운 대학 설치, 야간학교의 확대, 구 단위 도서관의 설치, 빈민아동에 대한 무료급식 등을 주장했다.

그러나 시드니의 이러한 주장에 대해 반대론도 거세었다. 가령 모리스는 기술교육이 자본가를 돕는 교육이고, 예술적 정신을 고갈시킨다는 이유에서 반대했다. 노동조합도 호의적이지 않았다. 지배계층도 소극적이었다. 시드니는 오랜 시간에 걸쳐 관계자들을 설득하여 기술교육평의회와 '학력인정' 기구를 설립했다.

런던정치경제대학교의 설립

19세기 말 영국에서는 경제학이 제대로 연구되지 못하고 있었다. 경제학이 여론의 열광적인 지지를 받고 대학의 통상 이수과목에 포함된 미국과 달리, 영국을 비롯한 유럽 여러 나라에서는 경제학이 무시되고 있었다. 경제학의 아버지라고 불리는 애덤 스미스조차 옥스퍼드에서 그가 쓴 책의 일부를 읽었을 뿐이고, 노팅엄대학에서는 한 교수가 역사와 문학과 경제학을 함께 가르쳤을 정도였다. 앨프리드 마셜이 있는 케임브리지만이 학문적 명성을 유지했으나 그에 대한 평가도 엇갈렸다. 특히 경제학의 전문적 수련을 필요로 하는 새로운 사회층의 불만이 컸지만 대학에서는 이를 만족시키지 못한 실정이었다. 시드니는 "권력이 노동자계급에게 이관되는 평화적 정치혁명"을 이룩할 수 있는 경제학 교육을 희망했다.

앞에서 말했듯이 어느 페이비언협회 회원이 '사회주의의 선전'을 위해 쓰라고 전해준 유산으로 파리의 정치과학원이나 미국의 MIT를 모델로 한 정치경제학 전문대학이 설립되었다. 그 유언의 취지는 정치활동으로 볼 수도 있었지만 유산관리를 맡은 웹 부부는 교육을 선택했다. 비어트리스가 연구를 중시했고, 시드니는 옥스브리지에 대한 적의를 가졌다는 점이 중요한 계기였다. 그러나 페이비언협회를 비롯해 웹 부부 주변 사람들의 반대도 만만찮았다.

대학이 개설된 첫해에 학생 6명 중 1명이 페이비언협회 회원이었다. 충실한 사회민주주의자로 웹 부부의 친구인 월러스가 초대학장으로 지명되었으나 그는 이를 사양했다. 그래서 옥스퍼드대학 교수인 휴인스가 초대학장으로 취임했다. 그는 사회주의자는 아니었으나 대학경영에는 나름의 기여를 했다.

대학의 초기 모습을 보여준 강의로는 러셀의 독일 사회민주주의에 대한 강의가 있었다. 그러나 자본 측을 설득하기 위한 강의도 있었다.

교수들의 반 이상은 사회주의자이기는커녕 사회주의에 적극적으로 반대했다. 웹 부부가 평생 영향력을 행사한 이사회의 이사들은 제1차 세계대전 뒤에까지 제국주의에 찬성했다. 이 점에 대해서는 뒤에서 다시 비판적으로 검토하겠지만, 여하튼 웹 부부는 런던정치경제대학교를 통해 사회적 신용을 확보하고, 당시까지도 추상적이고 연역적인 방법과 개인주의에 젖어 자유경쟁을 옹호하는 대학과 여론에 대항할 수 있었다.

런던대학교의 개혁

런던정치경제대학교 설립 이후 웹 부부는 런던의 모든 대학을 기술대학의 차원에서 통합하는 종합대학교 설립에 열중했다. 여기서 주목해야 하는 점은 보수적이고 전통적인 옥스브리지와는 명확하게 구별되는 진보적인 사회교육주의가 런던대학교 통합의 기본사상이었다고 하는 점이다.

웹 부부에게 대학이 가져야 할 최대 기능은 지식의 분배가 아니라 생산이었다. 그리고 지식의 진보는 주로 문화, 즉 인류의 과거와 현재의 업적 문제가 아니라, 과학의 문제였다. 고전 인문교육이 아니라 실천적인 직업교육 중심이었다.

대학의 조직도 옥스브리지와 같은 기숙형 칼리지 중심이 아니라 학부 중심이어야 했다. 옥스브리지 같은 다세포조직은 물론 지방대학과 같은 단세포조직도 아닌, 더욱 고도의 조직구조, 즉 런던 전역에서 전개될 필요가 있는 교육과 연구를 하는 고도로 차별화된 학부를 세워야 했다. 그리고 이러한 학부 운영을 위해서는 강력하고도 효율적인 이사회가 필요했다.

웹 부부는 수십 개의 언어를 가르칠 수 있는 대규모의 어학 대학, 과학과 공학을 전문적으로 연구하고 교육하는 대학, 의과대학 등의 설립을 위해 막대한 자금이 드는 것을 알고 자금 확보에 노력했다. 그 결과 새로운 종합대학은 개인의 기부 절반, 지방세 절반으로 조성된 자금으로 출발할 수 있었다. 그 결과 영국 교육사 차원에서 웹 부부가 이룩한 교육개혁은 가장 획기적인 것으로 평가되어왔다.

웹 부부를 비롯한 페이비언주의자들이 모리스가 주장한 새로운 사회주의적 인간상을 추구하지 않은 것은 분명한 사실이다. 그들은 예측 가능한 미래에 대다수 남녀들이 공장이나 광산이나 작업장workhouse에서 원숭이 같은 삶을 인내할 수밖에 없고, 사회주의가 그들에게 제공할 수 있는 것은 보다 짧은 노동시간, 그리고 임금을 비롯한 노동조건 개선에 대한 기대일 뿐이라고 생각했다. 동시에 가장 훌륭한 전문 직업인으로서의 가치관과 규범을 충분히 흡수한 지배적인 선량집단을 공급하는 교육이 사회주의의 중요한 사명이라고 생각했다. 그런 전문가 집단이 자신의 기술을 완성시키기 위해 시간과 노력을 들이고, 무엇을 우선해야 하는가에 대해 마찬가지로 올바른 감각을 가지고 일반 시민에게 봉사해야 한다고 주장했다.

3 노동조합주의와 산업민주주의

『노동조합운동의 역사』의 구조

웹 부부의 『노동조합운동의 역사』는 다음 11개 장으로 나누어진다. 그 앞에 초판인 1894년판 서론과 1920년판 서문이 붙어 있다.

제1장 노동조합의 기원

제2장 생존을 위한 투쟁1799~1825

제3장 혁명적 시대1829~1842

제4장 새로운 정신과 새로운 유형의 조합1843~1875

제5장 준타와 그 맹우들

제6장 부분의 발전1863~1885

제7장 신구 노동조합운동1875~1890

제8장 노동조합의 세계1890~1894

제9장 30년간의 성장1890~1920

제10장 국가에 있어서 노동조합의 지위1900~1920

제11장 정치적 조직1900~1920

부록

이상의 시대 구분은 1925년에 나온 G. D. H. 콜의 『영국 노동계급운동사』나 1963년에 나온 헨리 펠링Henry Pelling, 1920~1997의 『영국 노동조합운동사』의 시대 구분과 다르다. 즉 아래에서 보듯이 뒤의 두 권은 3분법을 따르고 있다.

G. D. H. 콜의 『영국 노동계급운동사』

제1부1789~1848

제2부1848~1900

제3부1900~1947

펠링의 『영국 노동조합운동사』

제1부 노동조합운동의 발생

제2부 노동조합의 단결

제3부 국가적 통합의 제 문제

펠링은 제1부를 1880년까지, 제2부를 1926년까지, 제3부를 1963년까지로 나누었다. 앞에서 보는 3권의 시대구분 말고도 영국 노동운동사에 대한 시대구분은 다양하다.

여기서는 그 각각의 문제점에 대한 분석보다는 위의 책들을 읽는 일반 독자를 위해 영국 노동운동사의 큰 줄거리를 소개한다는 측면에서 다음 몇 가지를 언급하도록 하겠다.

(1) 기계파괴운동과 차티스트 운동

영국은 17세기 중엽 세계 최초로 부르주아혁명을 체험했다. 그 후 200년간은 자본주의의 발전이 너무나 강한 반면 노동운동은 너무나도 약했던 시기였다. 17세기 말, 지방의 직업 그룹이라는 형태로 원시적 노동조합 조직이 만들어져 18세기 말까지 그 수가 증가하자 자본가들은 정부를 움직여 1799~1800년에 단결금지법을 제정했다. 그러나 노동자들의 단결은 더욱 거세어져 1811~1826년 노팅엄을 위시하여 전국의 면방직 지대에서 기계파괴운동Luddites Movement이 파급되었다. 그 결과 산업혁명이 끝나갈 무렵인 1824~1825년에 단결금지법은 철폐되었다.

합법화된 노동조합운동이 모든 직종 노동자의 전국적 결집을 추구하기 시작한 1832년에 선거법이 개정되었으나, 자본가의 배신으로 선거권을 얻지 못하자 격분한 노동자들은 1837년부터 차티스트 운동Chartist Movement으로 방향을 바꾸었다. 보통선거권을 중심으로 6개 항의 인민헌장Peoples' Charter 실현을 목표로 하는 의회개혁운동으로 전개된 그것은 1848년 이후 급속히 소멸되었지만 10시간 노동법, 탄광법, 공장법 등 사회입법을 결과했다.

(2) 직업별 조합과 신조합운동

1840년대 이후 30년간 영국 자본주의가 세계의 산업을 독점하여 눈부신 발전을 거듭하게 되자 차티스트 운동의 주역이던 수공업 직인이 몰락하고 새로운 주역으로 등장한 숙련노동자가 전국적 규모의 직업별 조합craft union을 만들었다. 쟁의보다도 조합원의 공제활동에 주력한 그것은 1868년, 영국노동조합회의TUC로 결집되었다. 자본주의의 '황금시대'로 노동조합과 협동조합도 견고하게 발전하고, 운동은 온건화했다.

1880년대에 세계 산업을 독점하던 영국의 지위가 무너지고 대기업의 발전과 기술진보로 인해 숙련공의 지위가 저하되자 비숙련노동자 중심으로 일반노동조합general union을 결성하려는 신조합운동New Unionism이 일어났다. 동시에 1883년 마르크스주의적인 사회민주연맹SDF, 1889년 사회개량주의적인 페이비언협회, 1893년 신조합운동과 사회주의가 결합한 독립노동당ILP 등이 결성되었고, 이는 1906년 노동당Labour Party으로 결집하여 노동정치운동이 독자적으로 발전했다.

(3) 산업별 조합과 직장위원회 운동

신조합운동은 1910~1914년 사이에 생디칼리즘과 결합하여 일반조합을 산별노조로 재편성했고 그사이 노동조합원 수는 비약적으로 증가했다. 그러나 1914년 제1차 세계대전이 발발하자 노동운동 지도자들은 바로 노사휴전을 선언하고 노동당은 1915년 연립내각에 참여했다. 그러나 전시하에서도 직장위원회Shop Stewards Committee를 중심으로 파업이 이어졌고 노동조합원은 700만 명 이상으로 증가했다. 이러한 노동운동의 강화에 1918년 노동당은 사회주의강령을 채택했다.

(4) 제1차 세계대전과 제2차 세계대전 사이의 노동운동

제1차 세계대전 직후 노동자의 공세로 정부는 탄광국유화 등을 약속했으나 1921년 불황으로 약속은 수포로 돌아가고 임금인하 및 해고의 회오리가 불어닥쳤다. 1924년 선거에서 노동당원이 124명이나 국회의원으로 당선되어 자유당과의 연립내각이 구성되었지만 1차 노동당 내각은 아무런 성과도 없이 10개월 만에 붕괴했다. 이후 노동운동의 좌익화가 촉진되었으나 1927년 '노동쟁의 및 노동조합법'이 제정되어 총파업, 동정파업, 공무원의 TUC

가맹이 금지되었다. 1929년의 국회의원 선거에서 노동당은 총 287석을 획득하여 2차 노동당 내각을 출범시켰으나 이때의 정책은 1924년의 정책보다 더 후퇴한 것이었다. 결국 노동당 내각은 세계공황이 영국에 파급되자 와해되고 맥도널드J. R. MacDonald를 위시한 노동당 간부들은 탈당하여 보수당 지도하의 차기 거국내각에 참여했다.

(5) 전후의 노동당 내각과 산업국유화의 후퇴

제2차 세계대전이 끝난 1945년 7월에 실시된 총선거에서 의석의 3분의 2를 차지한 노동당의 애트리내각은 1927년 노동조합법 폐지, 종합적 사회보장제도 확립, 탄광을 위시한 일련의 산업국유화 정책을 실시했다. 그러나 1951년 선거에서 참패한 노동당 대신 들어선 보수당 내각은 반대되는 정책을 실시했다. 노동당 지도부가 1956년 이래 산업국유화 정책에서 당 강령을 후퇴시키자 좌파 그룹이 형성되기 시작했다.

『노동조합운동의 역사』 서론

'노동조합운동사'를 재미나 교양의 차원에서 읽는 사람이 있을까. 나도 노동법을 공부하기 전에는 그런 책을 읽은 적이 없다. 김윤환과 김낙중이 쓴 『한국노동운동사』가 1970년 일조각에서 나왔을 때 감격하며 사서 읽었지만 끝까지 읽지 못했다. 그 뒤 1983년 일본에서 일제강점기하의 쟁의 관련 자료를 분석하면서 사회주의는커녕 민족주의와도 관련이 없는 생존적 임금투쟁이 대부분의 쟁의였음을 알고 그 책에 대해 회의했다. 강만길 등의 한국사 서술에 대해서도 마찬가지였다. 이른바 민족주의적 역사관에 선 한국사학자들의 노동운동사 서술이 과도하게 정치적 성격을 부각시킨다는 느낌을 받았다. 제대로 된 노동조합도 없이, 노동운동의 역사도 일천한데 어떻게 쉽게 정치적일 수 있는지 이해되지 않았다.

그 무렵 웹 부부의 『노동조합운동의 역사』를 일본어판으로 처음으로 읽었다. 이 책에 대해 일본학자들은 대체로 그 비정치성을 이유로 비판적이었지만, 나는 도리어 노동조합운동의 초기는 당연히 비정치적일 수밖에 없지 않은가라고 생각했다. 1990년 형성사에서 나온 한글 번역에서도 그런 비정치성을 단점으로 지적했지만, 나는 도리어 그 책이 보여준 영국 노동조합운동가들을 비롯하여 노동운동의 기록 보존이 철저하고, 그 방대한 자료 분석에 근거하여 실증적으로 서술된 웹의 책에 감복했다. 이에 비해 한국이나 일본에서 쓰인 각국의 노동운동사는 제대로 된 자료에 근거하지도 못하고 이념 과잉으로 얼기설기 도식적으로 꿰어 맞추었다는 인상만을 주었다. 물론 자료 부족은 수집자의 문제가 아니라 자료 자체가 없기 때문이었다. 일제강점기는 물론 해방 후에도 노동운동을 하는 사람들이 자료를 남긴다는 것은 거의 불가능한 상황이었음을 충분히 이해할 수 있지만, 노동조합운동가 자신이 자료 보존을 중시하지 않거나, 노동조합 측을 비롯하여 대학 등 공공기관에서 그 수집을 태만히 한 탓도 무시할 수는 없다. 그래서 제대로 된 우리의 노동운동사를 쓰기란 원초적으로 불가능할지도 모른다는 생각이 든다.

영국의 사정도 크게 다르지 않았을 것이지만, 웹 부부는 그런 상황에서도 원자료의 수집과 분석을 철저히 한 뒤 책을 썼고, 그 어려움을 충분히 알았기에 서문에서 후학들을 위해 연구방법과 결과에 대해 상세히 기록했으며, 뒤에는 『사회조사방법론』이라는 별도의 저서까지 남겼다. 사실 웹 부부의 『노동조합운동의 역사』를 이 책에서 그 체계에 따라 시대별로 요약하는 것은 아무런 의미가 없을 것이다. 더 중요한 것은 어떻게 연구했는가 하는 점이고, 그런 점에서 우리의 노동운동사를 어떻게 쓸 것인지를 알아야 한다는 점이다. 이런 점에서 1894년 초판의 서문을 중시할 필요가 있다. 그것은 다음과 같이 시작한다.

> 틀에 박힌 서문을 읽게 하느라고 독자를 지체케 하는 것이 우리의 의도는 아니다. 서문이라는 것은 이야기가 완결될 때까지는 결코 쓰

이는 것이 아니다. 그리고 이 이야기는 우리의 시대에 또는 금후 수 세대에 걸쳐서도 끝나지 않을 것이다. 본문에 들어가기 전에 우리의 연구방법과 결과에 대한 한두 가지 필요한 것만을 서술해두겠다(운동사, 상, 5).

위 문단을 읽고서 앞으로 책을 쓸 때 모범으로 삼아야 할 것이라고 생각했지만, 그보다 더 인상 깊은 것은 위에 이어지는 다음 글이었다.

우리가 노동조합운동의 연구에 착수하게 된 것은 우리 자신의 명제를 증명하기 위해서가 아니었고, 그것이 우리에게 어떠한 문제들을 제기하고 있는가를 해명하는 데 있었다(운동사, 상, 5).

이어 "완전한 민주국가의 역사는 정부의 역사임과 동시에 민중의 역사"(운동사, 상, 6)라고 말한다. 그리고 웹 부부는 역사를 쓰기 위해 자료를 수집하고 분석한 방법에 대해 상세히 설명한다.

『노동조합운동의 역사』의 의의

웹 부부의 업적 가운데 특히 주목해야 하는 점은 1891년부터 1899년 사이에 두 사람이 노동운동사의 기초를 세우고 노동자 조직과 노사관계에 대해 체계적 연구의 길을 열었다는 점이다. 웹 부부가 그러한 연구를 하기 전에 엥겔스를 비롯해 국내외 몇 사람에 의한 연구가 있었다. 그러나 가령 엥겔스의 『영국 노동자계급의 상태*Die Lage der arbeitenden Klasse in England*』1845는 사회주의 문헌으로서 갖는 역사적 가치에도 불구하고, 노동자의 조직에 관한 한 거의 아무것도 언급하지 않았다는 한계를 갖듯이 그 연구에는 문제가 많았다. 그래서 웹 부부가 노동조합의 역사에 대한 조사를 시작했을 때 그들이 참고할 만한 자료는 거의 없었다.

웹 부부가 노동조합에 관심을 갖게 된 계기가 된 사건은 앞에서도 설명했듯이 1889년 런던 부두노동자들의 대규모 파업이었다. 그전까지 페이비언을 비롯한 사회주의자들에게 노동조합은 관심의 대상이 되지 못했다. 노동조합에 처음으로 관심을 보인 것은 비어트리스였다. 앞에서 말했듯이 그녀는 협동조합 연구를 통해 노동조합에 관심을 갖게 되었다. 그러나 그것은 결코 노동조합에 우호적인 것이 아니었다. 임금이나 노동조건을 둘러싼 다툼이 생기고, 일하는 남녀에 의한 두 가지 자발적 운동을 상호보완적이라기보다 적대자이자 경쟁자를 다루는 경향이 쌍방에 있었다. 비어트리스는 1891년 노동조합운동의 연구에 착수했다. 식민부의 공직을 사직한 시드니도 그 뒤에 합류하여 그 책을 완성했다.

『노동조합운동의 역사』와 『산업민주주의』가 경제주의적 성격을 이유로 많은 비판을 받아왔음에도 불구하고, 영국의 노동조합운동에 대한 저술로서는 가장 선구적이고 탁월한 것임을 인정해야 한다. 그 후 지금까지 해당 분야에서 그 두 권에 필적할 만큼 독창적이고 포괄적인 연구는 없다고 할 정도로 높이 평가되어왔기 때문이기도 하다. 가령 우리나라에도 널리 알려진 사회주의 역사가인 에릭 홉스봄Eric Hobsbawm, 1917~2012 은 『산업민주주의』를 "영국 노동조합에 대해 쓰인 최고의 책"으로 "민주주의, 국가, 사회주의로의 이행의 모든 이론을 포함"하고 그 내용은 "레닌을 자극할 정도로 흥미롭다"고 찬양했다. 사실상, 웹 부부가 그 두 권의 책에서 처음 사용한 개념과 용어와 범주, 그리고 시대구분을 포함한 체계화의 구조는 지금까지도 그대로 사용되고 있을 정도다.

노동조합의 정의에 관한 판본상의 변화에 대해서는 앞에서 이미 설명했다. 그 정의에서 '고용'을 '노동생활'로 바꾼 것은, 한국에서 최근 노동부가 고용노동부로 바뀐 것에서 보듯이 전반적으로 고용이 중시된 것과 반대되는 현상이지만, 노동조합이 고용보다 노동생활 전반을 대상으로 한다는 점은 고용을 중심으로 한 한국의 노동조합운동이나 정책에 중요한 시사를 준다고도 생각된다.

『노동조합운동의 역사』의 관점

『노동조합운동의 역사』 제1장에서 2세기에 걸친 노동조합운동이 1720년 재봉업에서부터 시작되었다고 한 뒤(운동사, 상, 46) 웹 부부는 노동조합의 역사를 '생존을 위한 투쟁'1799~1825, '혁명적 시대'1829~1842, '새로운 정신과 새로운 유형의 노동조합'1843~1875, 그리고 1880년대 말의 '새로운 노동조합주의의 대두'로 구분했다. 그러한 시대 구분이나 각 시대의 내용에 대해서는 지금까지 수많은 비판과 수정이 가해졌으나 그것을 근본적으로 부정하는 견해는 아직까지 나오지 않고 있다.

웹 부부가 1799년부터 1825년을 '생존을 위한 투쟁'이라고 부른 그 투쟁의 전제는 단결금지법이었으나, 그것은 결정적인 것은 아니었다. 당시 의회와 법원은 다른 대응책을 가지고 있었기 때문에 그 법률에 의존할 필요가 없었다. 또 조직노동자들에게 일률적으로 억압을 가한 것도 아니었다. 반면 방해받지 않고 공공연히 활동을 계속한 동직단체의 사례를 열거할 수도 있다. 단결금지법이 웹 부부가 생각한 것처럼 중요했다면 그것이 어떻게 철폐될 수 있었는지를 이해하기 어렵다.

『노동조합운동의 역사』 제2장에서 웹 부부도 국가와 사용자에게는 억압수단이 있었음을 서술했다. 또 특정한 직종이나 지방에서는 조합운동이 그 법률의 가혹함으로부터 벗어났고, 런던에서는 많은 숙련직종이 처음으로 완전하게 조직되었다고 서술했다. 그럼에도 단결금지법을 중시한 이유는 그 법에 의해 노동조합운동이라고 부를 만한 것이 생겼기 때문이었다. 웹 부부는 자신들의 권리를 청원하는 노동자에게 당시까지 용인된 모든 가부장적 보호책을 모두 취하하고, 대신 그들의 결사를 전면적으로 금지한 국가 역할의 크기를 중시했다. 이는 에드워드 팔머 톰슨 Edward Palmer Thompson, 1924~1993 같은 후학들도 동의한 것이었다.

다음 1829년부터 1842년까지를 '혁명적 시대'라고 한 제3장에서 오언의 개인적 역할을 과장한 것이 사실이고, 혁명적 조합운동이 그들이 말한 1829년이 아니라 1818년부터 시작되었다는 점에서 웹 부부가 잘못된 것도 사실이다.

제4장의 '새로운 정신과 새로운 유형의 노동조합' 1843~1875이라고 이름한 시대에 대해서도 후학들의 비판이 제기되었다. 웹 부부는 그 시기에 중앙집중적인 재정, 높은 조합비, 고도의 공제제도, 노동조합의 관료화, 그리고 노동공급의 통제를 목적으로 한 임금정책에 근거한 전국적 동직조합이 노동조합계를 지배했다고 보았다. 이러한 '신노조운동 new unionism'에 대해 웹 부부가 높이 평가한 것을 뒤에 후학들은 '역사의 허구'라고 비판하기도 했으나, 그 시기에 대한 설명으로는 여전히 고전적인 평가를 받고 있다. 그러나 다음과 같은 웹 부부의 서술은 여전히 유효하다.

오언주의자와 차티스트 조직의 고결하면서도 비실제적인 '보편주의'가 자신의 직업에 있어서의 숙련직인의 기득권 보호 원칙으로 대체되었다(운동사, 상, 226).

이 번역문에서 '보편주의'란 universalism의 번역어인데, 그보다는 '평등주의'라고 이해하는 편이 더 좋을 것이다. 왜냐하면 신노조주의는 그 앞의 일반 노동조합과 달리 시야가 좁고 보수적이었고, 그것이 영국 노동운동의 특징이 된 부문주의를 뿌리내렸기 때문이었다.

웹 부부의 설명은 여기에서 그치지만, 신노조운동 이후 제1차 세계대전 이전인 1910~1914년 사이의 '노동 소요기'에도 그 보수화는 더욱 강해졌다. 우리가 직업별 조합주의craft unionism로 이해하는 그것은 편협한 보수주의 전통을 낳았다. 그 영향을 받은 숙련노동자들은 자신들의 투쟁을 일반화하거나 체제를 타도할 필요성을 전혀 느끼지 못했다. 그 결과 여성들이 제외되었고, 파업도 예외적인 경제적인 파업 외에는 거의 행해지지 않았다. 그보다 더 심각한 결과는 정치와 경제투쟁의 완전한 분리였다.

『노동조합운동의 역사』의 한계

『노동조합운동의 역사』에 대한 찬양에도 불구하고 출판 이후 1세기 이상에 걸쳐 제기된 여러 비판도 무시할 수는 없다. 가령 톰슨이 『영국 노동자계급 형성 *The Making of English Working Class*』1963에서 자신의 목적이 "가난한 양말 제조공, 러다이트 운동에 가담한 가난한 농부cropper, 시대착오적인 수직공hand-loom weaver, '유토피아주의자' 직인, 그리고 설령 조애나 사우스콧Joanna Southcott에게 매혹된 신도들까지 후세의 지나친 경멸로부터 구제하는 것"이라고 한 것은, 웹 부부가 소위 안정된 조직의 성공한 조직노동자를 중심으로 다루고 비교적 미조직의 단명하고 돌발적인 저항반란운동을 무시하거나 모멸한 것에 대한 비판에서 나온 것이었다. 사실 웹 부부의 책에서 러다이트 운동은 중요하게 언급되지 않았다. 이러한 웹 부부에 대한 비판은 톰슨뿐 아니라 아니라 홉스봄을 비롯한 많은 역사가들에 의해서도 제기되었다. 오언주의자나 차티스트 운동에 대해서도 웹 부부는 대단히 비판적이었다. 웹 부부는 사회주의 이행이나 미래의 사회주의 성격에 대한 통설에도 도전했다. 그들은 노동자계급이 자발적으로 직업적 노동조합 의식으로부터 사회주의적 계급의식으로 이행한다는 통설에도 반대했다.

『노동조합운동의 역사』가 19세기 말에 집필되었다는 점은 그 책에 당대의 영웅사관 내지 지도자 중심 사관의 영향이 있었음을 말해준다는 점에서도 비판의 여지가 있다. 그 단적인 보기로 우리는 칼라일의 『영웅 숭배론*On Heroes, Hero-Worship, and the Heroic in History*』1841을 들 수 있다. 칼라일은 그 책에서 성실하고 용기 있는 영웅적 지도자가 필요하다고 역설했다. 웹 부부도 가령 1824년 단결금지법을 철폐시킨 프랜시스 플레이스Francis Place, 1771~1854를 높이 평가한다.

그러나 『노동조합운동의 역사』는 영웅적인 개인의 역사를 모은 책이 아니라 영국 노동자계급의 생성 과정에 최초로 주목한 책임을 인정해야 한다. 웹 부부는 숙련공과 비숙련공 사이에 노동조합운동이 상당히 다른 것을 알았으나 그 차이에 대해 숙고하지는 못했다. 위에서 말했듯이 톰슨 같은 역사가들이 비숙련공이나 주변 노동자들에 주목한 것은 웹 부부의 결점을 보완하는 것이지만, 웹 부부에게는 그 책이 영국 정치사의 일부로 의식된 점을 주목해야 한다.

흔히들 『노동조합운동의 역사』는 제도사에 치중했다는 비판을 받지만, 19세기 말의 수준에서는 도리어 루조 브렌타노Lujo Brentano, 1844~1931 등의 제도 중심 사관에 도전한 것이었음도 주목해야 한다. 브렌타노는 『길드의 역사와 발전 및 노동조합의 기원에 대하여*Die Arbeitergilden der Gegenwart*』2 vols., 1871~1872에서 길드와 노동조합이 연속한다고 주장했으나 웹 부부는 이를 부정했다.

민주주의와 자유

『산업민주주의』에서 저자들은 산업민주주의가 무엇인지 정의를 내리는 것으로부터 시작하지 않았다. 그것은 그 책의 첫 부분에서는 단순히 노동조합 운영의 절차와 제도를 의미한다. 반면 다른 곳에서는 공적인 통제와 소유를 경제생활의 여러 분야에 점차 확대하고, 그렇게 하여 시민이 정치에서 행사해야 한다고 여겨지는 것과 같은 통제를 산업문제에서도 행사하는 의미로 사용한다. 저자들은 링컨의 민주주의에 대한 정의인 '인민의, 인민에 의한, 인민을 위한 정치'를 받아들이지만, 그것이 모든 사람의 평등한 발언권에 의한 결정을 뜻한다면 필연적으로 붕괴한다고 본다. 따라서 그들은 영국의 초기 노동조합에서 원시적 민주주의를 시도하여 모든 결정에 모든 구성원의 평등한 발언권을 주어야 한다고 주장한 것이 결과적으로, 노동조합의 운영을 총회에서 하고, 의장 · 서기 · 회계 등으로 구성되는 임원회는 윤번제로 운영되었다고 한다. 그러나 이는 적대적인 고용인이나 억압적인 공권력에 대응할 수 없었고, 조직의 성장에도 장애가 되었다고 웹 부부는 보았다. 결국 노동조합의 업무 증대는 특정인이 전적으로 책임을 지는 체제를 요구했으나, 노동조합 세계에는 아직도 민주주의적 요소가 남아 있다는 점을 웹 부부는 비판했다.

웹 부부의 대안은 대의원 체제다. 그리고 그 대의원은 단순히 의견을 기계적으로 전달하는 매개에 그치지 않는다. 이러한 대의원회의 설립을 웹 부부는 '잔인한 아이러니'라고 한다.

> 동료에 의해 선출된 노동자는 그 천부의 능력 여하에 불구하고, 전문 임원을 유효하게 감독하고 지휘하는 것이 유일한 조건인 특수한 숙련과 일반적 지식을 갖지 못한다. 그가 감독해야 할 노련한 임원과 평등하게 될 수 있기 위해서는 그전에, 새로운 임무를 위해 그의 모든 시간과 생각을 바칠 필요가 있고, 따라서 그의 이전 직업을 포기해야 한다. 불행히도 이는 그의 생활태도, 사고방식을 바꾸게 되고, 또한 보통은 지적 분위기를 변화시켜, 그가 반드시 표현해야 할, 선반이나 화로에서 일하는 육체노동자들의 감정을 생생하게 알지 못하게 한다. 이는 확실히 잔인한 아이러니로서, 세계 전역에서 임금노동자가 무의식적으로 대의제를 혐오하게 되는 이유의 하나를 여기서 발견할 수 있다고 우리는 생각한다. 노동자 대표에게 그의 임무의 절반을 수행하게 한다면, 바로 그 절반에 필요한 자격을 상실하게 된다(산업, 1권, 85~86).

여기서 웹 부부는 로베르트 미헬스Robert Michels, 1876~1936와 같은 과두제가 아니라 방적공이나 광부 노동조합의 연합대회에서 나타난 평조합원과 대의원이라는 이중의 대표제를 제기한다. 그들에게 민주주의란 합의와 능률이 서로 보완하는 대의적 정체, 즉 '보편적인 전문화와 대표제'를 뜻했다. 이는 '민주제의 구조 자체에까지 분업이 철저하게 되는 것'이었다.

> 정치적 민주주의든 산업민주주의든 간에, 선거인이나 소비자로서 마지막 명령을 내리는 것은 시민이지만, 그 명령을 어떻게 해야 하는지를 조언하는 것은 전문가인 임원이다(산업, 3권, 276).

이처럼 직업적 전문가를 강조하는 웹 부부는 자유에 대해서도 특이한 정의를 내린다. 즉 "생래의, 즉 불가양도의 권리라는 것이 아니라, 실제로 개개인의 능력을 최대한 발전시키는 사회의 생존 조건을 뜻한다"라고 한다(산업, 3권, 278). 이는 웹 부부가 존경한 밀이 자유를 '바라는 대로 행동하는 것'이라고 정의하고 민주주의가 자유에 적대적일 수 있음을 두려워한 것에 반해, 웹 부부는 자유를 최대한 확보할 수 있는 유일한 방법이 민주주의라고 생각한 것을 뜻한다. 그래서 웹 부부는 "자유란 실제로 그것이 올바르게 실현되는 한, 적재적소를 얻는 것을 뜻한다"는 말을 인용한다(산업, 3권, 278).

이상의 고찰로부터 웹 부부가 민주주의자가 아니라거나 자유주의자가 아니라고 보는 점에는 문제가 있다. 우리는 밀과 같은 자유주의가, 부자나 강자가 빈자와 약자의 권리를 침해하는 것을 용인한 점을 알고 있다. 웹 부부도 그런 점을 충분히 알고 있다.

> 어떤 개인이나 단체나 계급이 보통 '계약의 자유'나 '결사의 자유' 또는 '기업의 자유'라고 하는 말이 뜻하는 것은, 우연히 그들이 얻게 된 힘을 사용하는 기회의 자유다. 즉 더욱 무력한 다른 사람들로 하여금 그들이 말하는 바에 따르게 하는 것이다. 이러한 종류의 개인적 자유는 불평등한 단위로 구성되는 사회에서 강제와 구별되지 않는다(산업, 3권, 278).

밀은 상당히 교양 있고 재산도 있는 자들의 자유를 말한다. 그리고 그런 자들이 국가나 조직적인 여론과 같은 집단에 의해 부과되는 제약에 직면하는 점을 밀은 가장 심각한 자유의 침해라고 보고, 최소한의 국가를 주장한다. 즉 국가의 힘이 증가함은 자유의 감소로 직결된다고 한다. 그러나 이는 가령 현물급여금지법과 같이 국가의 권한을 확대하고 고용인을 제약하는 것이 노동자들의 자유를 확대한 것과 모순된다. 나아가 자유는 유일한 선이 아니라 복지나 생활보장의 평등보다 우선해서는 안 되는 상황도 얼마든지 있을 수 있다.

웹 부부는 '사회민주주의'라는 말을 사용하지 않았으나, 사회민주주의하에서만 노동조합이 충분히 발달하고 최대의 유용성을 확보한다고 보았다. 즉 정치가가 정치권력을 시민의 능률과 복지의 증진을 위해 적극적으로 이용하고, 정기적이고 평화적으로 시민에 의해 정권에서 물러날 수 있는 국가여야 노동조합의 발전이 가능하다고 주장했다. 반면 밀류類의 자유주의에 근거한 중산계급적 공화주의 정체는 노동조합이 그 목표를 확보할 가능성을 믿지 않고 노동조합의 활동 방법을 기피한다고 보았다. 전제주의 정체는 두말할 필요가 없다.

웹 부부는 노동조합을 민주주의 국가의 기관으로 보았지만 그렇다고 해서 노동조합이 그 독립성을 상실하고 자주적 단체로서의 성격 없이 고용인과의 단체교섭에만 매몰되어서는 안 된다고 보았다. 특히 민주화 과정에서 거대한 트러스트의 사회적 압력에 대한 보루이자, 착취적 공장이나 소규모 생산이라는 산업에 대한 기생적 존재를 박멸하기 위한 사회적 세력으로 존속해야 한다고 주장했다. 나아가 사회주의하에서도 산업 관리자가 염가와 생산비용의 저하에 노력할 것이므로 그러한 태도는 노동조합에 의해 끊임없이 점검되어야 한다고 했다. 특히 정신노동자들인 산업의 경영자나 감독자는 육체노동자의 상황에 당사자로서의 강한 관심을 보일 수 없으므로 노동조합은 여론의 주목을 환기하고 필요하다면 파업을 할 정도로 강력해야 한다고 주장했다.

『산업민주주의』의 경제학

웹 부부에 대해 여러 가지 비판이 있지만 적어도 당대에서는 가장 진보적인 입장의 하나였음을 주목할 필요가 있다. 물론 두 사람은 일찍부터 마르크스에 대해서는 비판적이었지만 당대의 여타 경제이론이나 사회이론, 특히 우익의 그것에 대해서는 더욱 비판적이었음을 주의할 필요가 있다. 가령 리카도의 임금기금설이나 맬서스의 인구론은 노동조합의 존재가 긍정적인 역할을 수행할 가능성을 철저히 거부했다. 시드니는 제번스의 한계효용학설 및 한계생산력설을 채택함으로써, 비어트리스는 리카도 경제학을 비현실적 개념 규정으로부터의 연역에 의한 것이라는 이유에서 부정함으로써 임금기금설을 거부했다. 그들은 그 정당성을 확인하기 위해 『산업민주주의』 3부 1장 '경제학자의 판단'에서 19세기 후반의 경제학설이 더 이상 리카도의 비관론을 채택할 수 없다고 밝혔다.

임금기금설의 중심적 주장은 임금상승이 이윤율을 저하시키고, 저축을 삭감하게 하여 자본축적을 저해하고 고용을 감소시킨다는 것이다. 그러나 웹 부부에 따르면 임금기금설의 이 같은 주장은 다음의 이유로 부당하다. 중산계급의 저축 지향은 불경

기와 그것에 수반한 이윤과 이자의 저하에 의해 약해지지 않고, 도리어 강해지는 경향을 보였다. 왜냐하면 그들에게 저축이란 이자만을 위한 것이 아니라 자신과 가족의 장래에 대한 대비이기 때문이다. 또 지방자치단체의 경우, 저금리 시기가 대규모 공공사업을 하기에 적기이고, 그 결과 사회자본을 충실하게 하게 된다. 또 신기술의 개발과 도입에도 저금리는 유리한 조건을 제공하기 때문에, 고임금에 의한 이윤율과 이자율의 저하는 국가경제 전체에 도리어 환영받을 수 있다. 또 임금인상이 수출경쟁력을 약화시키고 자본의 해외유출을 촉진한다는 고임금 비판에 대해서도, 해외투자는 상대국의 정치적 안정을 필수적으로 요구하기 때문에 그것이 보장되는 영국에서의 자본유출은 거의 없다는 반론이 제기된다.

이러한 웹 부부의 주장은 존 메이너드 케인스John Maynard Keynes, 1883~1946 이후의 경제학이 주장하듯이 저금리가 언제나 투자를 유발하지는 않는다는 것이 상식인 지금은 너무나도 낙관적으로 보이지만, 웹 부부는 왕립위원회를 위해 쓴 빈민법에 관한 「소수파 보고서」에서도 공공사업에 의한 불황 대책을 주장했다. 여하튼 국가재정에 의한 적극적인 경기부양책을 주장한 그 보고서는 영국 사회정책의 역사에서 가장 획기적인 업적으로 평가된다.

이상 임금기금설과 함께 노동조합 무효론을 주장한 것이 맬서스의 인구론이었다. 이에 대해 웹 부부는, 노동조합이 수행하는 역할에는 임금 이외의 노동조건 개선도 포함되는데, 노동환경이나 노동시간 개선이 출생률에 미치는 영향에 대해 맬서스주의자는 침묵하지만, 소득이 많은 노동자일수록 자녀 수가 적다는 것이 통계로 확인된다고 주장했다.

웹 부부는 이상과 같이 임금기금설과 인구론을 비판한 뒤 제번스에 따라 임금이 고용된 노동자들의 한계생산력과 같은 수준으로 결정된다고 주장했으나 이에 대해서는 현대 경제학에서 볼 때 많은 비판이 있을 수 있다. 그러나 여기서 우리는 웹 부부가 노동자와 자본가의 계급대립과 계급투쟁의 존재를 부인하지 않았음을 주목할 필요가 있다. 특히 『노동조합운동의 역사』는 산업혁명 이래 노동자가 자본의 압박에 저항하여 단결하고 투쟁해온 역사를 다루었는데, 그 책을 쓴 1894년 당시로서는 가장 진보적인 입장의 책이었다.

물론 웹 부부는 마르크스주의자가 주장하듯이 계급투쟁이 사회주의를 낳는 원동력이라는 의미의 정치투쟁을 인정하지는 않았다. 그러나 여러 계급 사이에 이해관계를 둘러싼 계급투쟁이 있다는 것은 웹 부부는 물론 그들이 인도한 페이비언들에게 당연히 인정되었다.

내셔널 미니멈

이 책의 서문 후반부에 이 책의 연구방법에 대한 언급이 나오지만, 웹 부부의 사회연구방법론은 눈여겨 볼 필요가 있다. 웹 부부가 노동조합운동뿐 아니라 소비자협동조합, 지방통치기구 및 자치행정, 사회보장 및 실업구제제도 등에 대해 방대한 실증연구를 했고, 그 연구의 방법론까지 남겼기 때문이다. 그 총괄적인 저서가 1931년에 나온 『사회조사방법론*Methods of Social Study*』이다. 이 책은 시드니가 76세, 비어트리스가 77세에 쓴 책으로 평생 종사한 사회연구의 방법론을 총괄한 것이다. 그러나 이 책의 더욱 중요한 의미는 종래의 사회연구가 극단적인 두 가지에 치우쳐 있는 것을 조화시키거나 극복하는 데 기여하기 때문이다.

종래 두 가지 연구방법 중 하나는 독일 철학에서 비롯된 지극히 난해한 인식론에 입각한 것으로 현실 인식보다 서재에서의 이론적 추구에 치중하는 것이고, 또 하나는 미국의 행동과학에서 비롯되는 것으로 통계나 컴퓨터 등을 사용한 조사 기법에 치중하는 것이다. 웹 부부의 사회조사는 이 두 가지의 어느 것에 치우치지 않고 그 두 가지 모두를 조화롭게 사용하는 것이라고 할 수 있다.

이러한 연구방법에 의한 웹 부부의 연구는 직업생활, 소비생활, 지역생활이라는 세 가지 생활영역의 자치제도 형성과 행정

권력의 간섭에 의한 사회혁신을 중심으로 사회의 거의 모든 영역에 미쳤다. 그래서 그들의 저작은 440여 종에 이른다. 그중에서도 여전히 중요한 것은 복지사회론이다. 그 핵심을 형성하는 「소수파 보고서」의 핵심 개념인 '내셔널 미니멈national minimum'은 『산업민주주의』에서 처음 나온 것이다. 이는 사회보장과 관련하여 국가가 보장해야 할 최저한의 소득을 뜻하는 말로 널리 사용되고 있다.

'내셔널 미니멈'이란 노동력 상품의 판매가격과 판매조건의 최저한을 법률로 정하는 것을 말한다. 즉 노동력 상품시장에 대한 국가 간섭을 주장한 것으로, 조직화가 늦거나 불가능한 노동자에게는 공권력이 노동조합을 대신해야 하고, 나아가 비노동력 인구에게는 생활보장을 해야 사회가 진보한다는 것이다. 그런데 그 진보는 계급투쟁이 아니라 사회구성원 모두에 의해 추진되어야 한다.

4 복지국가주의

빈민법의 역사

빈곤을 구제하고자 하는 빈민법의 역사는 길다. 중세 신분사회에서는 신분에 따른 부와 빈곤의 구별이 지극히 자연스러운 일로 여겨졌으나, 14세기에 와서 중세의 봉건제도가 붕괴하면서 인구의 이동이 가능해지고 노동자와 고용인 사이의 계약으로 임금이 결정되면서 빈민계급이 나타났다. 이에 국가는 교회체계를 통해 빈민을 구제하게 함과 동시에 부랑자에 대해서는 강력하게 규제했다. 그래서 교회조직, 즉 수도원, 교회, 병원 등이 빈민을 구제하는 전국적 네트워크를 형성했다. 그러나 1534년 헨리 8세 Henry VIII, 1491~1547의 수장령에 의해 수도원이 해체되면서 교회를 통한 구제 대신 국가에 의한 구제가 등장하게 되었으나, 그 내용은 구제가 아니라 철저한 규제였다. 즉 고통의 감소가 아니라 법과 질서의 유지가 우선되어 빈민에 대한 처벌이 중시되었다.

빈민에 대한 규제는 노동자의 임금 상한선을 정하고 강제하는 노동법률Statute of Labour로 나타났다. 이는 흑사병으로 인한 인구 감소로 농업노동자가 격감하여 상승한 임금을 낮추고자 지주들이 요청한 것에 따른 것이었으므로 빈민구제로는 전혀 기능하지 못해 1381년의 와트 테일러Watt Taylor의 반란과 같은 농민봉기가 빈발했다. 그 뒤에도 가혹한 억압정책은 이어졌다. 노동법률이 노동능력자에 대한 것임에 대응하여 노동무능력자에 대한 억압은 마녀재판으로 나타났다. 마녀재판의 희생자는 900만 명으로 추산하는 사람이 있을 정도로 엄청났으나, 실제로 마녀란 존재하지 않았다.

앞에서 말한 수장령에 의해 수도원에서 거리로 내몰린 빈민의 수는 8만 8,000명 이상으로 추산된다. 그것이 빈민법 제정의 원인 중 하나였다. 1601년에 제정된 최초의 빈민법舊빈민법이라고 한다, 즉 엘리자베스 빈민법은 빈민에 대한 공적 구제를 중앙정부의 책임으로 인정한 최초의 빈민법이었지만, 빈민의 구제보다는 노동력 활용에 의한 생산력 제고와 사회질서 유지를 위해 빈민을 관리하려는 지배계급의 자기 보호적 발상에서 나온 것으로 빈민의 권리를 인정하지 않았다. 즉 한편에서는 노동능력이 있는 부랑민에 대한 억제와 처벌, 다른 한편으로는 노동능력이 없는 빈민에 대한 보호를 규정했다.

구빈민법은 그 목적의 하나로 "스스로 생계를 유지할 수 없거나, 일상적인 자리를 갖지 못한 사람은 그 혼인 여부와 관계없이 일을 하게 해야 한다"는 규정을 두고, 고용목적을 위해 취할 수 있는 대안을 다음 네 가지로 규정했다.

1. 공공 또는 민간조직을 통한 빈민에 대한 취업 압력
2. 구걸에 대한 억압, 저열한 구호 등을 통한 빈민에 대한 취업 압력
3. 빈민아동의 취업 기회 제공을 통한 가족 수입의 보충
4. 빈민 고용을 촉진하는 임금 보조

이상의 대안 중 1은 18세기 초, 4는 18세기 말에 채택되었다. 그러나 당시의 일반적인 조류는 빈민에 대한 강경한 입장이었다. 가령 민주주의의 선구자로 알려진 존 로크는 빈민에게 공공기관의 일자리를 제공하는 것보다도 빈민의 나태나 죄악을 교정하기 위해서는 더욱 직접적인 방법, 즉 주점을 없애고 교육훈련을 강제해야 한다고 주장했다. 그리고 1세기가 지난 뒤에 출판된 맬서스의 『인구론』에서도 빈민법은 인구를 증가시키고 거지를 증대시키며 일반인의 수준을 낮출 뿐 아니라 사회에 유해한

것이라고 비난받았다. 즉 빈민구제는 개인의 자립정신을 해치고 근면정신을 파괴했으며, 하층계급은 곤경을 지배자 탓으로 돌리는 습관을 가졌다고 주장했다.

이러한 주장은 스펜서까지 이어졌다. 스펜서는 진보란 유기체의 끊임없는 자기 정화의 결과, 즉 약자, 병자, 비정상인을 가려내어 그들이 재생산되는 것을 방지하는 자연도태에 의해 이루어진다고 보았다. 이는 맬서스가 말한 인구 법칙과 유사한 것으로 양자 모두 가난은 법으로 해결할 수 없는 자연의 생물학적 힘에 의한 것이라고 보았다. 양자의 다른 점은 맬서스가 빈민법 시행으로 인구가 증가되었다고 본 반면, 스펜서는 인구의 질이 낮아졌다고 본 점이었다.

신빈민법

그 후 233년이 지난 1834년 신新빈민법이 제정되었다. 1834년의 빈민법위원회는 1832년의 제1차 선거법 개혁 이후 권력을 장악한 진보적인 휘그당원으로 구성되었다. 그들은 저임금을 보조하기 위해 빈민법을 악용한 스프린햄랜드 제도Spreenhamland System를 철폐하고자 했고, 노동을 거부할 경우 엄하게 처벌하여 북부의 가난한 공장에서 노동하게 하려고 했다. 이는 빈곤이란 게으름과 무절제라는 개인의 결함에서 나오므로 그들에게 부자가 될 수 있는 근면과 절약을 가르치는 것 외에 다른 방법으로 해결하려고 해서는 안 된다고 보는 청교도 내지 제조업적 정신에서 비롯되었다.

1834년 신빈민법의 '열등 처우의 원칙principle of less eligibility'은 국가 구제의 수급자에게 커다란 낙인을 찍어 일반 시민과 구별되게 했다. 국가 구제를 받기 위해서는 모든 소유물을 팔아야 했고, 구제수급 중 또는 그 후 일정 기간 모든 종류의 참정권이 박탈되었다. 수급의 조건으로 워크하우스 입장이 요구되었고 그곳에서는 제복을 입어야 했으며 외부와의 교류는 물론 식사시간 중의 대화도 금지되었다. '노동 가능자나 그 가족에 대해 구제를 잘 관리 감독하는 워크하우스 외의 장소에 제공하는 것'을 금지했고, 빈민들이 '바스티유Bastilles'라고 부른 워크하우스에서는 노부부는 물론 부모와 자녀도 분리되었다. 코빗이 그 철폐를 위해 평생 투쟁하고 디킨스의 『올리버 트위스트』를 비롯하여 많은 작가들이 저주한 그 제도는 런던 인구의 30%가 생애의 한 시기에 적용을 받은 것이었다.

그 뒤 점차적인 개선에도 불구하고 궁핍은 개인의 책임이므로 죄악이라는 생각은 좀처럼 변하지 않았다. 그러나 1879년 및 1886~1887년의 불황 시에 주기적 실업은 하나의 현상으로 나타났다. 이는 1905년 선거에서 보수당의 완패와 자유당의 압승을 결과했다. 1905년 보수당이 물러가면서 '빈민법 및 실업대책에 관한 왕립위원회Royal Commission on the Poor Law and Relief of Distress from Unemployment'가 설치된 배경에 대해서는 여러 가지 견해가 있지만 여기서는 그것을 검토할 여유가 없다. 마찬가지로 그 위원회의 구성과 「소수파 보고서」의 작성 과정에 대해서도 마찬가지다. 여기서는 보고서 작성 전 비어트리스의 조사활동에 시드니와 협동한 바에 대해 간단히 살펴보고 「소수파 보고서」를 분석해보자.

빈민법 철폐와 실업대책 구상

비어트리스는 1906년, 시드니의 도움을 받아 다음 다섯 가지 연구에 착수했다.

1. 1834년 이후 빈민법 정책의 역사
2. 1834년 이후 특정 빈민위원회에 의해 실제로 실시된 여러 정책의 역사
3. 6개월 이상 특정 교구연합에서, 원외 구제자의 신청자와, 그 원외 구제의 수급 여부가 신청자와 그 가족에 미친 영향
4. 의료 서비스에 대한 빈민법 당국과 공중보건 당국의 태도에 대한 비교분석
5. 원외구제를 받는 아동의 생활환경, 그리고 그들에게 주어지는 구

제의 적절성

뒤에 중간보고서로 제출된 위 다섯 가지 연구의 결과는 「소수파 보고서」의 기본 구상이 되었다. 그 연구를 통하여 웹 부부는 다음과 같은 1834년 원칙이 1907년에 사실상 폐기되었다고 주장했다.

1. 피구호자에 대한 처우는 전국적으로 통일되어야 한다.
2. 피구조자의 생활조건과 그들에 대한 사회적 처우는 자립하는 최저생활수준자의 그것보다 낮은 것이어야 한다.
3. 원외구제는 가능한 한 억제되어야 한다.

그리고 웹 부부는 다음과 같은 새로운 3원칙이 나타났다고 주장했다.

1. 치료적 처우의 원칙
2. 보편적 급여의 원칙
3. 강제의 원칙

이와 함께 웹 부부는 빈곤에 대한 지역사회의 무책임을 강조한 1834년 원칙과 달리, 1907년 원칙은 지역사회와 개인 간의 상호의무, 즉 최저한의 문화생활에 대한 의무라는 방침을 구체화시켰다고 주장했다.

이러한 주장을 담은 중간보고서에 대해 위원들은 대부분 냉담했다. 비어트리스의 고종사촌인 부스도 1834년 원칙으로의 복귀는 불가능한 일이 아니라고 주장했다. 그러나 비어트리스는 빈민법과 빈민위원회를 철폐한 뒤 자치단체의 여러 위원회에 이양해야 한다고 보았다. 즉 병자는 공중보건위원회, 정신병자는 정신병원위원회, 아동은 교육위원회, 노인은 연금위원회에 맡겨야 한다는 구상을 더욱 확고하게 굳혀 1907년 5월에 '빈민법의 철폐'라는 제목의 중간보고서를 제출했다. 그것이 「소수파 보고서」의 제1부인 빈민법 대책의 핵심을 이룬 것이었다. 그러나 이 보고서에 대해서도 위원들 대부분은 냉담했다.

웹 부부는 1907년, 실업문제의 조사에 착수했다. 그 11년 전인 1896년, 시드니는 「실업노동자를 위한 정부조직」이라는 페이비언협회 보고서를 냈는데 그 내용은 「소수파 보고서」의 그것과 유사했다. 그리고 1889년의 『페이비언 사회주의』에서 다음과 같이 주장한 것은 「소수파 보고서」의 골격이 되었다.

1. 보편적 노년연금과 공공진료소를 도입하여 노인과 병자의 구호를

빈민소 체제에서 분리시킨다.

2. 모든 노동능력 있는 극빈자를 산업적으로 조직하고 그들을 대상으로 기술교육을 실시한다.
3. 실업자를 위한 한시적 구호사업을 실시한다.
4. 빈민구제위원회를 폐지하고 지방정부가 직접 관리한다(페이비언 164~165).

비어트리스는 시드니보다 빨리 부스의 조사에 참여했을 때, 이스트엔드의 빈민이 일하고자 하여도 일자리를 얻지 못한 임시노동자가 실업자임을 밝히고, 그들의 고용책으로 임시고용의 폐지, 그리고 부두를 지방자치단체가 운영하게 하는 공유화를 주장했는데 이것도 「소수파 보고서」의 그것과 유사했다.

웹 부부는 위원회에 「실업자에 관한 보고서」를 제출했으나 위원회에서 거부되었다. 이에 웹 부부는 윌리엄 베버리지William H. Beveridge, 1879~1963를 구성원으로 포함한 비공식 연구회를 조직했다. 그전부터 웹 부부와 친했던 베버리지는 직업소개소labour exchange를 통한 실업대책을 주장했고, 이는 실업방지와 실업자의 재훈련이라는 통합적인 집합주의적 제도 없이 행해지는 노동조직의 효율성에 대해서 회의적이던 웹 부부의 생각과는 다른 것이었다. 「소수파 보고서」에 웹 부부는 베버리지의 생각을 받아들였지만 웹 부부는 베버리지와 달리 직업소개소의 공영과 강제를 주장했다.

「소수파 보고서」

1909년 왕립위원회는 실업구제에 관한 두 개의 보고서를 제출했다. 즉 다수파 보고서라고 불리는 「빈민법과 실업구제에 관한 왕립위원회 보고서Report of the Royal Commission on the Poor Laws and Relief of Distress」와 소수파 보고서라고 불리는 「분리보고서Separate Report」였다.

「소수파 보고서」의 제1부는 '빈민법의 철폐', 제2부는 '노동시장의 공적 조직화'에 대한 것으로 각각 '노동불능자 대책'과 '노동능력자 및 실업자 대책'을 내용으로 했다.

제1부는 웹 부부가 '죄 없는 자의 감옥'이라고 부른 혼합작업장general mixed workhouse 비판으로 시작되었다. 앞에서도 보았듯이 시드니가 런던의 사망자 4명 중 1명이 빈민소나 빈민법병원 및 정신요양원에서 발생한다고 했을 정도로 그 현실은 비참했다. 코빗이 죽을 때까지 대항한 그것은 차티스트 운동의 원인이었고, 디킨스가 『올리버 트위스트』에서 저주한 것이었다. 웹 부부에 의하면 그곳에서의 유아사망률도 영국의 평균사망률보다 2~3배 높았다.

웹 부부에 의하면 과거 반세기 동안 빈민법에 따라 학교와 병원이 설립되었음에도 여전히 빈민소가 존재하여 다수의 노동불능자를 수용하여 빈민에게는 공포의 대상이었다. 그렇게 된 이유는 교구연합 빈민위원회가 오로지 빈민이라는 이유만으로 빈민소에 수용했기 때문이었다. 그러나 웹 부부는 빈곤에는 다양한 원인이 존재하는 것을 알았고, 따라서 그 원인에 따라 대책을 강구해야 한다고 생각했다.

나아가 아동, 병자, 정신장애인에 대한 구제가 많은 지방당국에 의해 행해지기 때문에 구제의 중복이나 혼란과 함께 그로 인한 피구제 빈민의 도덕적 타락이 있음도 웹 부부는 지적하면서 정부가 그 예산 실시를 철저히 감독해야 한다고 주장했다. 궁극적으로 웹 부부는 빈민법을 폐지하고 사회문제를 그 밖의 기관에 양도해야 한다고 주장했다.

「소수파 보고서」의 제2부 '노동시장의 공적 조직화'는 '노동능력자의 빈곤과 그 대책'을 논의한 것으로 종래의 실업자 구제 방법이던 빈민법, 사적 자선, 실업노동자법이 적절하지 못했음을 지적하고, 실업자 궁핍의 원인이 무엇이든 간에 그것이 생산력의 국가적 낭비와 함께 다수의 고통과 육체적 · 정신적 타락을 초래했다고 비판한 뒤에 다음을 권고했다.

1. 전국적 직업소개소의 설치

2. 노동력 과잉의 흡수

3. 국민적 노동수요의 조절

4. 실업보험과 공적 부조

5. 노동부 창설

이러한 내용의 「소수파 보고서」는 웹 부부가 이미 『산업민주주의』에서 주장한 '내셔널 미니멈'을 그 이념으로 했다고 볼 수 있다. 『산업민주주의』에서 그것은 빈곤층이 항상 존재하는 착취산업의 극복책으로서 국민적 효율의 향상을 목적으로 한 것이었으나, 「소수파 보고서」와 1911년 시드니가 쓴 페이비언 트랙트 제159호 『사회의 필수적 기초*The Necessary Basis of Society*』에서는 '국민적 효율'이라는 목표가 없이 모든 사회활동에서 혜택을 최저로 받는 사람들을 보호하기 위한 정책체계로 전환되었다. 즉 오늘날과 같이 국가가 보장해야 하는 최저한의 소득을 뜻하는 개념이 되었다. 이에 대해 비어트리스는 다음과 같이 말했다.

> 「소수파 보고서」의 유일한 목적은, 모든 사람에게 문명생활의 내셔널 미니멈을 확보하는 것에 있었다. 그 의미는 어린 시절에는 충분한 영양과 훈련이, 일하는 시기에는 생활임금이, 질병에 걸렸을 때는 의료가, 그리고 신체장애자나 노령자가 되었을 때는 적절한 안정

된 생활이 보장되는 것을 말한다.

「소수파 보고서」는 당시 정부에서는 받아들여지지 않았지만 30여 년 뒤에 복지국가의 청사진으로 불린 「베버리지 보고서」로 완성되었다.

베버리지

'요람에서 무덤까지'라는 말이 있다. 그 말로 요약되는 복지국가는 20세기 인류 문명의 가장 찬란한 업적이라고 해도 과언이 아니다. 물론 그 인류란 실제로 서유럽 또는 서구의 사람들을 말하는 것이지 세계 대부분의 모든 사람을 뜻하지 않지만, 인류 모두에게 확보되어야 할 것임에는 틀림없다. 그것이 20세기 말에 신자유주의라는 이름으로 나타난 부자들의 복지국가 위기론에 의해 중대한 타격을 받았지만 어떤 식으로든 21세기 이후에도 인류가 지켜야 할 가치임에 틀림없다. 누구나 인간인 한 '요람에서 무덤까지' 안전하고 행복한 삶을 누려야 한다는 것을 과연 누가 부정할 수 있겠는가.

그 말의 기원을 보려면 19세기 말로 거슬러 올라가야 한다. 그때까지 서구에서는 자유방임주의가 절대적인 원칙이었고, 이에 따라 국가는 최소한의 치안과 국방만을 제공하는 야경국가로만 기능하는 것이 당연하다고 간주되었다. 그러나 자유방임주의는 극도의 빈부격차를 야기했고, 제1차 세계대전과 대공황을 겪으면서 그것에 대한 회의가 생겨났다. 총력전으로 진행된 제1차 세계대전의 특성상 정부는 전시물자의 효율적인 동원을 위해 시장경제에 적극적으로 개입하기 시작했고, 전후 대공황 시기에는 케인스주의에 의거하여 없는 수요까지 만들어서 정부가 실업자들을 구제하자 야경국가에 대한 신화는 흔들리기 시작했다.

그런 가운데 제2차 세계대전이 터지자 영국에서는 보수당과 노동당이 거국내각을 구성했다. 노동당 출신 인사들은 복지국가 수립을 수상 윈스턴 처칠에게 요구했고, 처칠과 보수당 역시 동의하여 1942년 런던정치경제대학교 교수 출신의 노동부 차관이었던 베버리지를 위원장으로 하는 '사회보험과 관련 서비스에 관한 위원회'를 설치했다. 그 보고서에서 주장된 사회보장을 한마디로 '요람에서 무덤까지'라고 했다.

베버리지는 당시의 현안으로 빈곤, 질병, 무지, 나태, 불결을 지적했고, 그중에서도 가장 큰 문제점인 궁핍의 원인이, 그 원인노령, 불황으로 인한 해고, 질병 등이 무엇이든 간에 소득의 중단에서 기인한 만큼, 이를 해결하기 위하여 공공부조를 실시할 것을 주장했다. 1942년의 「베버리지 보고서」에 의거하여 1944년 빈민법이 철폐되고 장애인고용법이 제정되었으나 보수당 내각은 소극적이었다. 결국 1945년의 총선에서 노동당이 집권하자 가족수당법1945, 국민보험법1946, 국민산업재해보상법1946, 국가보건서비스법1946, 국민부조법1946, 아동법1948 등이 제정되어 가족수당, 의료보험, 산업재해, 노령연금, 실업수당이 지급되고 광산업을 비롯해 주요 산업들의 국유화가 이루어졌다. 이는 1979년 대처가 집권하여 자유주의 노선이 부활할 때까지 이어졌으며, 국제적으로도 전후 많은 국가들의 사회복지 정책에 크나큰 영향을 주었다.

베버리지는 웹 부부를 실질적으로 계승한 사람이었다. 그는 식민지 인도의 판사 아버지와 교사 어머니 사이의 아들로 태어났으니 시드니보다 비어트리스에 가까운 출신으로 옥스퍼드대학교에서 공부했다. 졸업 후 빈곤퇴치기관인 토인비 홀Toynbee Hall에서 실업에 대해 연구하여 1909년 『실업: 산업문제*Unemployed: a Problem of Industry*』를 썼다. 이 책에서 그는 노동력의 효율적인 거래를 위해 직업소개소제도를 제안했고 같은 해 직업소개소법이 제정되었다. 1919년부터는 시드니의 제안으로 런던정치경제대학교의 총장으로 부임하여 1937년까지 근무했지만 베버리지는 노동당이 아니라 자유당을 지지한 자유주의자였지 사회민주주의자가 아니었다.

복지국가와 민주주의

웹 부부의 복지국가론은 이상의 사회보장 국가에 그치지 않는다. 웹 부부는 정치적 구성뿐 아니라 사회적 구성에서도 민주주의가 그 원리여야 한다고 주장했다. 민주주의는 적자생존의 테스트에 의해 역사적으로 그 우수성을 보여주었고, 사람들에게 공적 영역에 대한 관심을 불러일으켜 개개인의 인격성을 최대한 고양시키는 효과를 발휘한다고 그들은 보았다.

이처럼 민주주의를 최대한으로 평가하는 그들도 국민대표 원리에 근거한 의회민주주의에는 비판적이었고, 그 대안으로 기능적이고 다원적인 민주주의를 제안했다. 즉 "인간을 그 사회생활의 중요 국면마다, 즉 생산자로서의 인간, 소비자로서의 인간, 민족과 공동체의 존속과 독립 및 자신이 바라는 문명의 양식에 관심을 갖는 시민으로서의 인간, 나아가 지적 탐구자로서의 인간, 신앙인으로서의 인간이라는 식으로 대표할 수 있게 하는" 민주주의를 구상했다.

이는 영국의 민중적 전통에 따른 것이었다. 즉 생산자로서는 노동조합을 통한 생산자 민주제, 소비자로서는 협동조합을 통한 소비자 민주제, 시민으로서는 지방자치단체의 활동을 통한 시민 민주제의 역사적 전통에 따른 것이었다. 이처럼 사람들은 사회생활의 기능에 따라, 지역 차원과 생활 차원에서부터 전국 차원에 이르기까지 다양한 등급의 민주제에 참가한다. 여기서 노동자도 공동체의 시민이 된다.

전국 차원에서 모든 시민은 두 가지 정치적 통로를 가져야 한다고 웹 부부는 보았다. 즉 "정치조직은 우리가 정치적 민주제라고 부르는 국방, 국제관계 및 사법을 취급하는 것과, 우리가 사회적 민주제라고 부르는 것을 제안하고자 생각하는 공동사회의 생활기반을 이루는 산업이나 서비스의 국가적 운영을 취급하는 것으로 분리할 필요가 있다"(*Constitution* 111)고 주장했다. 이처럼 기능을 달리하는 정치와 사회의 복합체로 국민의 주권을 나누어 조직화하고자 한 이유는 현재의 의회정치가 마비되어 있음을 타개하여 국가를 효율적으로 운영하도록 하고, 권력의 일원적 집중화로부터 개인의 자유를 보호하기 위해서였다. 이를 위해 웹 부부는 정치적 복합체는 정치의회와 집행부내각로 구성하고, 사회적 복합체는 사회의회와 집행부각종 상임위원회로 구성하자고 제안했다. 그리고 두 개의 복합체의 의견이 불일치하면 합동의회나 합동위원회에 의해 해결하고, 그래도 불일치하면 국민투표로 결정하자고 했다.

나아가 웹 부부는 모든 시민의 공평한 관점에 서서 그 전문지식과 실무지식 및 기능을 구사하여 국가에 봉사하는 행정전문가의 역할을 기대했다. 그들은 사회변혁이 자동적으로 나아간다고 생각하고, 미래 사회가 무경험자에 의해 운영된다고 상상하는 소박한 민주주의자는 아니었다. 그래서 길드사회주의자들을 비판하고, 산업의 자주관리도 비현실적이라고 비판했다. 그러나 그 전문가가 관료는 아니라고 했다.

웹 부부가 관심을 가진 것은 국가의 적응성과 효율성이었다. 또한 민중적 통제와 국민적 효율성의 통일적 발전이었다. 이를 위해 그들은 사회에 관한 과학적 지식과 각 방면의 객관적 연구와 그 체계적 인식의 축적을 중시했다. 이러한 과학적 방법을 사회조직에 적용하지 않으면, 민주주의의 중요한 문제인 전제적 의사의 배제라는 권위의 문제가 해결될 수 없다고 보았다. 즉 과학적 사회인식에 따른 측정과 공개의 원리를 보편적으로 적용해야만, 국가로부터 모든 불합리, 비효율, 개인적이고 자의적인 전횡을 일소하고, 민주적이고 효율적인 사회를 재생할 수 있다고 생각했다. 나아가 자본주의 문명의 불평등, 부자유, 낭비, 풍요 속의 빈곤이라는 모순을 해소하고, 사회적 부의 적정한 생산, 유통, 분배를 유기적으로 결합할 수 있다고 주장했다.

5 웹 부부에 대한 평가

평가의 다양성

홉스봄은 "웹 부부만큼 일관하여 그 사상이 무시되어온 사회사상가도 없다"(Hobsbawm225)고 했다. 그들에 대한 평가만큼 긍정적인 평가와 부정적인 평가가 대조적으로 내려지는 경우도 없다. 그 정도로 그들의 사상은 다의성과 다면성을 갖는 것으로 생각된다.

지금까지 주류를 차지한 평가는 그들을 벤담의 후계자나 존 스튜어트 밀의 상속인으로 보는 견해다. 영국에서는 정치학자 어니스트 바커Ernest Barker, 1874~1960가 그런 견해의 대표적 논자다. 그 논자들은 그런 견해의 근거로 웹 부부가 그렇게 말한 점을 들었다. 웹 부부를 비롯한 페이비언들은 벤담주의자로 자처했고 밀이 사회주의자로 죽었다고 하여 밀과의 연관성을 강조했기 때문이었다.

그러나 당시 모리스는 웹 부부의 사상이 벤담이나 밀의 개인주의가 아니라 관료적 사회주의official socialist 내지 국가사회주의state socialist라고 보았다. G. D. H. 콜을 비롯한 길드사회주의자들도 그렇게 보았고, 이는 1930년대에 웹 부부가 소비에트를 찬양하는 것을 본 뒤에 더욱 확고해졌다. 하이에크가 웹 부부를 마르크스주의자와 같은 국가사회주의자로 본 것도 마찬가지였다. 웰스가 시드니의 사상을 '새로운 마키아벨리즘'이라고 본 것도 유사한 입장이었다. 한편 엥겔스는 페이비언협회를 돈과 파벌과 출세주의의 부패한 의원정치로 보았고, 레닌은 부르주아 사기꾼이자 부르주아 제국주의의 종이라고 비판했다.

홉스봄은 웹 부부를 개량주의자 내지 사회주의 우파로 보면서도, 그들이 만년에 소비에트 공산주의를 열렬히 지지한 것을 중시했다. 마르크스주의보다 페이비언주의의 선전에 치중하는 후세 사람들은 그들의 만년 사상을 노쇠한 탓으로 보기도 하지만, 웹 부부가 젊어서부터 사회의 근본적 개혁을 주장한 것과 만년의 그러한 태도가 결코 모순된 것이 아니라고 보았다. 즉 홉스봄에 의하면 그들은 젊은 시절 영국의 어떤 정치적 단체에도 참여하지 않았고, 영국적 정치전통과도 무관하였으며, 비마르크스주의자일 뿐 아니라 비자유주의자 내지 반자유주의자로서 적어도 20세기 초엽에는 계속 공격을 받았다. 그들을 우경화시킨 것은 그들의 심정이 아니라 이성이었고, 그들을 좌경화시킨 것은 전쟁과 공황의 충격이었다. 특히 홉스봄에 의하면 웹 부부를 비롯한 페이비언협회의 사회주의는 "다른 정치적 맥락에서는 제국주의, 대기업, 정부행정, 그리고 정치적 우익에 속하는 것이었다."(Hobsbawm235) 웹 부부가 당대의 '자유제국주의자'들과 접촉한 것을 두고 홉스봄은 '사회제국주의자'라고 불렀으나, 그들의 역할은 제국의 몰락과 쇠퇴를 방지하여 재생시킨다고 하는 소극적인 것에 그친 것이었다.

러셀의 평가

우리가 아는 현대 영국인 중에서 가장 유명한 사상가는 러셀이다. 내가 웹 부부에 대한 러셀의 평가를 읽은 것은 1963년에 나온 알렌 우드Alan Wood의 러셀 전기에서였다. 그 책의 부록에서 러셀은 웹 부부에 대한 글을 다음과 같이 시작했다.

> 나는 시드니 웹과 비어트리스 웹하고 오랫동안 친근하게 교제했고 때로는 같은 집에서 살기도 했지만 일찍이 내가 보아온 가장 완전한 부부였다. 그들은 연애나 결혼을 로맨틱하게 보는 것을 언제나 매우

싫어했다. 결혼은 본능을 법적인 조직에 적응시키기 위한 사회제도라고 그들은 말하는 것이다(우드473).

이어 러셀은, 웹 부부가 함께 '결혼은 감정의 쓰레기통'이라고 말했다고 전했다. 러셀은 10대에 결혼 전의 웹 부부를 알았는데 당시 시드니는 결혼 후 시드니의 반도 되지 못했고, 결혼 후 비어트리스는 아이디어를 제공하고 시드니는 일을 했으며, 시드니는 러셀이 본 사람 중에서 가장 부지런한 사람이었다고 말했다. 러셀은 본래 자유주의자였으나 웹 부부의 권유로 페이비언협회에 가입했다. 러셀은 평생 비어트리스를 좋아했지만 그녀의 종교나 제국주의나 국가숭배에 대한 의견에는 찬성할 수가 없었다고 했다.

국가숭배는 페이비언주의의 본질이기 때문에 그것이 비어트리스나 쇼로 하여금 무솔리니와 히틀러에 대한 부당한 관용을 갖게 했고, 나중에는 소비에트 정부에 대한 다소 불합리한 추종으로 이끌어갔던 것이다(우드475).

파시즘에 대한 웹 부부의 관용은 일찍이 러셀이 1895년부터 독일에서 주로 사회주의에 대해 연구하고 1896년 페이비언협회와 런던정치경제대학교에서 발표한 뒤 『독일의 사회민주주의

German Social Democracy』로 출판한 관점과 크게 다른 것이었다. 그 책에서 그는, 독일에서는 부르주아가 군부독재보다 사회주의를 두려워하기 때문에 온갖 형태의 억압, 전제, 악정이 감수되고 있다고 주장했다. 그의 강연을 웹 부부도 들었을지 모르지만, 그들은 러셀의 독일 비판에 동의하지 않았을 것이다. 특히 그 강연에서 러셀은 독일 사회주의의 경험을 타산지석 삼아 독립된 노동당이 아니라 자유당과 손을 잡아야 한다고 주장했기 때문에 그러했을 것이다. 러셀은 노동당 창립 이후 노동당 후보로 의회선거에도 몇 차례 나섰지만, 평생 노동당과 자유당, 즉 노동계급과 자본계급의 협동을 주장했다. 그런 협동 때문에 노동당이 집권했지만, 양차 세계대전 사이의 20년간 보수당이 집권한 것은 노동당이 계급투쟁을 주장하며 자유당과의 협력을 거부했기 때문이었다(우드364).

러셀과 웹 부부의 관계는 제1차 세계대전 발발 때까지는 너무나도 좋았으나 러셀이 전쟁에 반대하면서 소원해졌다. 그러나 러셀이 모든 전쟁에 반대한 것은 아니었다. 가령 보어전쟁에는 찬성했다. 특히 히틀러가 일으킨 제2차 세계대전의 참전에는 찬성했다. 소련에 대한 입장에서도 러셀은 웹 부부와 대립했다. 러셀은 1920년에 소련을 방문하고 소련을 비판하는 『볼셰비즘의 실제와 이론*The Practice and Theory of Bolshevism*』을 썼지만, 웹 부부는 만년의 소련 방문 후 소련을 찬양했음을 우리는 이미 앞에서 보았다.

반면 같은 해 러셀이 방문한 중국에 대한 긍정적인 입장은 웹 부부의 중국에 대한 부정적인 평가와 달랐다. 러셀은 중국이 외국의 침략을 피하기 위해서는 전통적 생활양식을 버리고 애국주의와 군국주의를 함양해야 하지만 그것이 지나쳐서는 안 된다고 했고, 특히 광신적인 볼셰비키가 될 가능성도 있으니 조심해야 한다고 경고했다. 이처럼 웹 부부와 많은 점에서 의견을 달리했음에도 러셀은, 웹 부부가 "영국 사회주의에 지적 지주를 부여하는 데 큰 역할을 했다"(우드477)고 평가했다.

토니의 평가

토니의 『종교와 자본주의의 발흥*Religion and the Rise of Capitalism*』1926은 세 차례나 우리말로 번역되었을 정도로 중요한 인물로 여겨지기도 했지만, 일반적으로 널리 알려진 사람은 아닌 듯하다. 막스 베버Max Weber, 1864~1920가 『프로테스탄티즘의 윤리와 자본주의 정신*Die Protestantische Ethik und der 'Geist' des Kapitalismus*』1905에서 근대 유럽에서의 자본주의 발생을 프로테스탄티즘, 특히 칼뱅주의의 금욕과 근로에 힘쓰는 종교적 생활태도와 관련시켜 설명한 것에 반해, 토니는 프로테스탄티즘의 윤리가 종교개혁 이후 점차 자본주의의 영향에 압도되어 사회경제적 삶과 무관해졌고, 중세 신학이 사회는 경제기구가 아닌 영적 유기체고, 경제활동은 방대하고도 복합적인 통합체의 하위 요소로서 도덕적 목적에 비추어 규제되어야 한다는 본래의 사상을 포기했다고 분석했다.

그 책 앞뒤로 토니는 자본주의를 통렬하게 비판한 『탐욕의 사회*The Acquisitive Society*』1920와 『평등*Equality*』1931을 썼으며, 웹 부부에게 그 책들을 헌정했다.

비어트리스가 '사회주의의 성인'이라고 부른 영국의 경제사학자 토니는 그의 친구인 베버리지와 비슷하게 인도에서 대학교 총장을 지낸 아버지 밑에서 자랐으며, 옥스퍼드대학교에서 공부하고 졸업 후 토인비 홀에서 일했다. 1906년부터 페이비언협회에 참가했고 노동당에도 참여했다. 1908년부터 노동자교육에 종사하면서 런던정치경제대학교에서 일했고, 1926년에는 사립학교를 국가교육제도에 통합해야 한다고 주장했다. 토니는 페이비언으로서 웹 부부와 친했지만 기독교 신자이자 이상주의자였기 때문에 웹 부부를 비롯한 초기 페이비언은 물론 그들을 비판한 G. D. H. 콜 등의 길드사회주의와도 거리를 두었다. 토니는 페이비언의 일반적인 태도인 점진주의에도 반대했다. 그는 웹 부부가 "방은 깨끗이 청소했지만, 영혼의 창문들은 열지 못했다"고 비판했다.

그러나 토니는 1945년, 웹 부부가 영국의 노동조합과 지방자치의 역사적 생성에 관한 저술을 통해 중요한 학문적 기여를 했고, 정치활동의 차원에서는 최저임금, 보건, 교육, 실업구제 및 연금의 확대, 중요 산업의 국유화 등을 국가의 의무로 하도록 했고, 빈민법위원회에서 「소수파 보고서」의 공표를 통해 빈민법을 해소하도록 했고, 교육 차원에서는 런던정치경제대학교를 창립했다고 평가했다.

나아가 토니는, 웹 부부가 '사실의 존재'를 승인하는 것에서 출발하여 사회주의로의 이행을 완성하는 데 필요한 정치 전략을 실행하고자 하여 점진주의를 택하고, 그러면서도 사회주의 철학을 정식화하거나 이상주의에 기울거나 비판을 위한 비판을 거부하고 항상 냉정한 이성을 유지했음을 그들이 남긴 교훈으로 중시했다. 그리고 토니는 1953년 「웹 부부에 대한 전망」에서 전권을 갖는 국가의 관료주의적인 중앙통제를 비판했음을 강조했다.

베버리지의 평가

베버리지는 1952년에 간행된 『비어트리스 웹의 일기, 1912~1924』의 서문에서 웹 부부의 가장 중요한 공헌은 소득, 보건, 주거, 여가, 교육 등에 관한 내셔널 미니멈이라는 개념을 만들고 사회사상 분야에서 정착시킨 것이라고 했다. 그는 "만약 웹 부부가 없었더라면 제2차 세계대전 후 1950년대의 영국 사회는 더욱 달라졌을 것이다"(Beveridge, v)라고도 했다. 그리고 조직과 제도의 측면에서는 페이비언협회를 창립하고, 제1차 세계대전 이전의 실천으로는 빈민법의 폐지와 불황구제에 관한 1905~1909년의 왕립위원회의 「소수파 보고서」를 펴냈고, 여기서 아서 세실 피구Arthur Cecil Pigou, 1877~1959의 후생경제학이 나왔다고 평가했다.

빈민법 폐지에 대한 웹 부부의 협력은 비어트리스가 쓴 『우리의 협동생활, 1892~1912』에 기록되었고, 이어 1912년부터 노동당 정권 성립까지 역사적 사건의 경과를 전해주는 『비어트리스 웹의 일기, 1912~1924』는 중요한 역사적 가치를 갖지만, 더욱 중요한 점은 웹 부부가 평생의 신조로 삼았던 '사실의 집적과 분석'의 실천이었다고 베버리지는 말했다. 그러나 베버리지는 웹 부부가 스페인이나 러시아의 권력 수립을 없애는 방법은 (중략) 외국의 위협이 적으로 존재하는 한 있을 수 없다고 한 점을 비판하고, 1918년과 1920년의 일기에서 소련 공산주의를 '새로운 문명'으로 재조명한 두 사람의 새로운 모험이 10년 이상 계속된 점보다 초기 페이비언주의자로서 마르크스에 대한 비판을 더욱 높이 평가했다.

클리프의 평가

이상의 평가와 대조적인 것이 토니 클리프Tony Cliff, 1917~2000와 도니 글룩스타인Donny Gluckstein, 1954~의 평가이다. 그들은 『마르크스주의와 노동조합투쟁』최규진 옮김, 풀무질, 1995에서 웹 부부가 "노동계급을 철저히 경멸했다"(클리프673)고 말했다. 클리프 등에 의하면 웹 부부뿐 아니라 쇼와 같은 페이비언협회 지도자들은 "개인으로서 우리는 지배계급"이라고 서슴없이 말했고, 그 협회의 유일한 노동자를 '전시품'쯤으로 여겼으며, 비어트리스는 "대도시들에 우글거리는 이 수많은 불결한 영혼과 망가진 육신들한테서 기대할 수 있는 것은 야만, 비열함, 범죄뿐"이라고 했다는 것이다(클리프63).

그러나 클리프도 그런 웹 부부가 『노동조합운동의 역사』와 『산업민주주의』 같은 '탁월한' 책을 쓴 것을 놀랍다고 하면서도 그런 책들의 집필을 위한 연구는 "막 성장하기 시작한 노동조합 지도자들이 책임감 있게 활동하도록 훈련하고, 노동조합은 탄압이나 굴복의 대상이 아니라 협상 상대라는 것을 지배계급에게 보여주는 것"이라고 평가한다(클리프45). 나아가 페이비언협회의 정치적 배경으로는 제국의 유지, 그리고 국가에 의한 국내 자본의 효율성 증대의 필요성이라고 한다.

클리프는 그런 정책의 완결판이 1889년의 『페이비언 사회주의』로서 그 속에는 노동조합에 대해서 일언반구도 없고, 도리어 시드니는 정부 관료를 극단적으로 칭송했다고 하면서, 페이비언협회의 궁극적 목표가 "국가가 전국 규모로 자본주의 생산을 조직하는 것"이라고 한다. 요컨대 국가자본주의의 건설이 페이비언협회의 이상이었다는 것이다.

페이비언협회의 이러한 엘리트주의적 주장이 19세기 후반에 영국에서 유행한 모리스 등의 낭만적 아나키즘 등에 대한 반발이었음은 물론이다. 『노동조합운동의 역사』에서 웹 부부가 당시의 노동조합운동이 단기적 경제주의와 분파주의에 빠져 있어서, 앞으로 보편교육이 더욱 확대되고 부가 더욱더 재분배되며 민주화가 더욱더 확대되고 심화되어야 노동계급이 역사적 주체가 될 수 있다고 본 것은 냉정한 현실 인식에 근거한 것이었다고 볼 여지도 있다.

여하튼 웹 부부는 노동자계급이 자발적으로 직업별 노동조합의식으로부터 사회주의적 계급의식으로 이행한다고 본 전통적인 사회주의자들과는 전적으로 의견을 달리했다. 나아가 사회주의 이념은 노동자계급 고유의 소유물이 아니고, 노동자 자신만의 노력에 의해 도달할 수 있는 것이라고 보지도 않았다. 또 협동조합이나 노동조합의 개량이 사회주의의 이행 기간에 대체될 수 있다거나, 사회주의가 확립된 뒤에 무용의 것으로 없어진다고 생각하지도 않았다. 즉 그들은 노동자계급 남녀의 위대한 자발적 단결의 기능은 사회민주주의의 발전과 함께 당연히 변화하지만, 그 필요성이 소멸하거나 중요성이 대폭 감소된다고 생각하지도 않았다. 따라서 그들의 견해는 사회주의자들의 환영을 받지 못한 반면, 사회민주주의적인 성향의 노동조합 지도자들로부터는 환영을 받아 그들 중심으로 형성된 노동당의 창설에 이론적으로 중대한 기여를 했다. 따라서 클리프 등의 평가에 대해서는 일정한 판단의 유보가 필요하다.

레닌의 평가

사회주의와 노동운동에 대한 이념에 웹 부부가 미친 영향에 대해서는, 베른슈타인이나 블라디미르 레닌Vladimir Lenin, 1870~1924이 웹 부부의 연구를 독일과 러시아에 소개하고, 개량주의와 볼셰비즘이 함께 부부의 저작을 비판적으로 읽었다는 점도 언급해둘 가치가 있다. 특히 레닌과 그의 아내 나데즈다 크룹스카야Nadezhda Krupskaya, 1869~1939는 1897~1900년의 시베리아 유형 중에 『산업민주주의』를 번역했다. 그들이 그 책을 번역한 이유에 대한 설명은 볼 수 없으나 그 책의 내용에 공감해서가 아니라 시베리아로 가는 데 필요한 돈을 벌기 위한 것으로 짐작하는 입장이 있다. 그러나 레닌이 웹 부부의 영향을 받은 몇 가지 점을 그의 저서『무엇을 할 것인가?』에서 볼 수 있다.

첫째, 레닌은 '경제주의자의 원시성'에 관한 논의 과정에서 웹 부부의 저서에 대해 직접 언급했다. 여기서 경제주의자란 정치적 투쟁을 경제적 투쟁에 종속시킬 것을 러시아 노동자계급에게 요구하고, 나아가 광범한 민주적 조직 형태를 취하도록 요구하는 것을 말한다. 영국 노동조합의 원시적 민주주의에 관한 웹 부부의 설명을 언급하면서 레닌은 설령 절대주의에 대한 투쟁의 필요성을 인정한다고 하여도 그의 논적인 경제주의자들은 비현실적인 입장을 취했다고 비판했다.

둘째, 레닌은 '자연발생성'의 이론, 즉 노동자계급은 자발적으로, 자기 경험의 결과로 사회주의를 자각한다는 견해를 부정하는 것에 관심을 가졌다. 경제주의자들은 정치투쟁의 관점에서 생각하는 것이 잘못이고, 경제투쟁에 정치적 성격을 부여할 필요가 없다고 주장했다. 이에 대해 레닌은 웹 부부의 '철저히 과학적인' 책을 읽어보라고 조언하면서 "그러면 영국 노동조합이 경제투쟁에 정치적 성격을 부여하는 임무를 과거에 이해하고 과거로부터 실천하여 온 것을 알게 될 것이다"(Lenin156)라고 했다. 웹 부부는 이를 분명히 밝혔으나, 동시에 노동조합의 정치는 자연발생적이고 필연적으로 사회주의적 정치로 나아가지 않는다고 보았다.

셋째, 레닌은 "노동자계급이 오로지 자신의 노력에 의해 발전시킬 수 있었던 것은 노동조합 의식뿐이라는 것을 모든 나라의 역사가 보여준다"고 주장하면서 현대 경제학은 과학기술과 같이 사회주의적 생산의 조건이고, "과학의 담당자는 프롤레타리아가 아니라 부르주아 인텔리겐치아"라고 주장했다(Lenin61). 이 점에서 레닌과 웹 부부, 나아가 페이비언주의자들은 의견이 일치했다. 나아가 웹 부부가 노동운동에서 공무원이나 대의원과 같은 직업적 전문가의 중요성을 강조한 점도 레닌의 주장과 일치했다.

베른슈타인의 평가

한편 베른슈타인은 레닌보다 훨씬 웹 부부와 가까웠다. 그는 1888년부터 1901년까지의 영국 망명 중 웹 부부와 친하게 지냈고 그들을 높이 평가했다. 특히 그의 아내 레기네 자데크 샤트네르Regine Zadek Schatner는 웹 부부의 『노동조합운동의 역사』와 『산업민주주의』를 독일어로 번역했고, 베른슈타인은 앞 책의 후기와 주석을 달았다. 베른슈타인에서 비롯된 독일 사회민주주의는 웹 부부가 레닌에게 미친 영향력보다 훨씬 광범위하게 웹 부부로부터 영향을 받은 것이었다. 특히 노동조합이 단지 일시적인 연대의 대상이 아니라, 자본의 절대적 권력을 파괴하고 노동자에게 산업 지배에 대해 직접적인 영향력을 주기 때문에 민주주의 조직으로서 필수적인 것이라는 점에 대해, 나아가 노동조합과 노동정당과의 밀접한 관계에 대해 그들의 의견은 완전히 일치되었다.

이처럼 레닌과 베른슈타인은 웹 부부로부터 받은 영향이 서로 달랐을 뿐만 아니라, 결국 러시아 공산주의와 독일 사회민주주의로 나아가게 된 것은 어느 것이 옳고 그른가의 문제가 아니라 각국의 자본주의 및 노동운동의 발전 수준과 관련된 것이었다. 즉 19세기 말 러시아의 절대적 빈곤하에서 급격한 혁명을 주장한 레닌은 절대주의와 부르주아로부터 정치적 주도권을 뺏기 위해 직업적 혁명가의 중요성을 강조할 필요가 있었다. 반면 사회보장제도가 정비된, 상당히 발전된 자본주의하에 있었던 독일에서는 노동조합 의식의 강조가 필요했다.

여하튼 웹 부부의 고찰이 단순히 노동조합 문제에 그치지 않고 정치적으로도 중요하다는 점에 레닌은 주목했다. 즉 공무원이나 의원, 특히 노동조합의 유급임원과 같은 직업적 전문가의 중요성을 강조한 점이다. 이는 현대 민주주의의 과두지배적 경향을 미헬스가 밝히기 전에 웹 부부가 선구적으로 논의한 것으로 주목해야 한다.

나의 평가

19세기 후반부터 20세기 전반을 살았던 웹 부부에게는 21세기의 우리가 보기에 여러 가지 한계가 있을 수밖에 없다. 그러나 그들이 제기한 문제와 응답은 그들의 시대를 넘어 우리에게도 여전히 유효하다고 생각될 정도로 그들의 생각에는 보편성이 있다. 20세기 말에 사회주의가 끝났으며 오로지 자본주의만이 남았다고들 말하지만 그 중간에 위치한다고도 볼 수 있는 사회민주주의는 여전히 유럽을 중심으로 하여 살아 있고, 그러한 사회민주주의에 공헌한 사람들로 웹 부부가 있었음을 부정할 수 없다.

그들이 주장한 사회민주주의는 정치적 차원의 민주주의만이 아니라 경제적 및 사회적 차원의 민주주의까지 요구하는 것이다. 그것이 그들이 1897년에 쓴 『산업민주주의』의 핵심 사상이었다. 즉 민주주의적 자치를 정치의 세계에서 산업의 세계로 확대하자는 것이었다. 사회개혁은 민주주의의 부단한 축적과 발전에 의해서만 가능하다고 믿은 그들은 사회민주주의의 핵심이 다양성과 다원성과 유연성, 그리고 사상의 자유라고 보았다. 그것은 그들이 함께 만들어 운영한 페이비언협회가 어떤 고정된 도그마가 아니라 자유로운 토론이라는 하나의 원리로만 움직여진 것과 같았다.

그들이 추구한 다양한 모습의 민주주의는 시민 차원에서 지방자치 참여, 생산 차원에서 노동자의 경영참가에 의한 산업민주주의, 그리고 소비 차원에서 협동조합 등으로 나타났다. 그러한 시민과 생산자와 소비자는 자본주의 경제에 의해 멋대로 조종되는 객체가 아니라 스스로 살기 좋은 사회를 만드는 주체여야 한다고 웹 부부는 주장했다. 여기서 개인이 아니라 사회가 강조되었지만, 국가가 강조된 것이 아님을 주의해야 한다. 즉 사회적 존재, 사회적 자유, 사회적 평등, 사회적 공정, 사회적 자치, 사회적 상호부조가 강조된다. 이는 개인이 강조되는 자유방임의 개인주의가 약육강식만을 초래하는 19세기 현실에 대한 대안으로 추구되었다.

그들은 과격한 혁명이 아니라 점진주의의 가능성을 믿었다. 그것은 사회조사를 비롯한 과학적이고 합리적인 연구에서 나왔다. 따라서 사회민주주의는 현실에 대한 정확한 이해를 위한 실증주의와 경험주의의 풍토와 태도에서만 가능하다. 따라서 추상적인 이념이나 도덕을 앞세우는 관념주의하에서는 불가능하다. 모든 사람에게 건강하고 문화적인 최저의 생활을 국가가 보장해주는 내셔널 미니멈과 그것을 실현하는 복지국가의 사상은 그런 경험주의에서 나왔다.

웹 부부가 남긴 최고의 아이디어라고 해야 할 내셔널 미니멈이라는 생각은 이제 한 나라의 차원을 떠나 휴먼 미니멈이라는 세계적 보편성을 갖고 있다. 즉 인류의 공통목표가 되었다. 그러나 웹 부부는 그것이 국가나 정부만의 책임이 아니라 사회 속의 개인, 시민, 자치단체 등 사회를 구성하는 모두의 책임이라고 말했다. 특히 웹 부부는 복지국가가 반드시 '거대한 정부'여야 한다고 생각하지 않았고, 도리어 지방분권화에 의한 효율적인 복지가 바람직하다고 보았음을 주의해야 한다.

특히 웹 부부가 복지국가의 핵심이라고 본 것은 공공정신, 즉 사회적인 상호부조의 정신이었다. 그리고 이를 위해 지적 · 정신적 · 도덕적 수준의 향상이 필요하다고 보았다. 그들이 추구한 자발적 협동, 정치적 자치를 위한 건전한 시민의 창출이야말로 복지국가의 과제라고 본 것이다. 그들이 구상한 이상사회는 내셔널미니멈 정책의 실시에 의해 정신적 및 육체적으로 건강하고 문화적인 생활을 보장받는 인민이 노동조합과 협동조합, 그리고 지역자치단체의 운영에 효율적으로 참가하는 시민적 공동체였다. 여기서 중요한 것은 연대와 연합과 협동의 정신이었다. 그것은 무엇보다도 인간의 이기적 동기를 이타적 동기로 바꾸는 것을 뜻했다. 따라서 복지국가는 새로운 도덕과 사회에 의해서만 가능하다고 보았다. 그런 점에서 그들의 사회민주주의와 복지국가 구상은 여전히 우리의 과제이기도 하다.

맺음말

웹 부부는 1910년 한국이 일본에 침략당하고 2년 뒤인 1912년 한반도를 1주일간 방문하여 당시 한반도 최고급 호텔의 하나였던 손탁 호텔에 머물면서 한반도 사람들을 세계 최하의 문화 수준을 가진 미개인으로 묘사했다.

> 한국인들은 더러운 진흙집에 살면서, 활동하기 불편한 더러운 흰옷을 입은 채 이리저리 배회하는 불결하고, 비천하고, 무뚝뚝하고, 게으르고, 신앙심이 없는 미개인 1,200만 명이다.

한국인을 이렇게 묘사한 웹 부부는 일본인에 대해서 그들이 "지나치게 여가를 즐기고, 참을 수 없을 정도로 개인적 독립성이

강"하지만 일본에서는 "사람들에게 도통 생각하는 법을 가르치려 하지를 않는다"라고도 썼다. 일본인에 대해서도 썩 긍정적으로 보지는 않았지만, 한국인에 대한 표현보다는 훨씬 호의적이라고 할 수 있다.

'19세기 말 20세기 초의 한반도가 아무리 그래도 그렇지'라고 하며, 이렇게 부정적으로만 묘사되는 것에 경악을 금하지 못할 사람이 분명 있을 것이다. 이를 당시 외국인들이 스테레오타입처럼 묘사한 오리엔탈리즘의 전형에 불과하다고 비판할 사람도 있으리라. 게다가 웹 부부가 19세기 후반과 20세기 전반, 세계 최고의 문명국임을 자랑하던 영국에서 산 사람들로, 당시 그곳 사람들이 대부분 소위 사회적 다위니즘뿐 아니라 우생학을 신봉하여 흑인종은 물론 황인종까지 열등 인종으로 경멸하였던 점을 고려하면 그런 묘사에는 분명 문제가 있다고 보아야 할지도 모른다. 이른바 대영제국과 같은 제국주의 나라였던 일본을 편들면서 대영제국의 식민지를 보듯이 일본의 식민지인 조선을 폄하했을 수도 있다.

그러니 웹 부부의 이 글을 우리나라에 처음 소개한 케임브리지대학교의 장하준 교수가 그것을 이상한 글이라고 비판하기는 커녕 당시 영국에서는 최고의 지성인들이 쓴 것이니 이의를 제기하거나 의문을 품을 수 없는 지극히 당연한 '말씀'으로 보는 것에 대해서는 의문이 있다. 장하준 교수는, 그런 우리가 지금은 세계적인 경제대국이 된 것을 강조하기 위해 웹 부부의 글을 인용했는지 모르지만, 그런 현재의 반전 같은 것 없이, 과거의 모멸뿐인 글만을 읽는다면 분명히 좋은 기분이 들지는 않을 것이다. 1960년대 이전 우리의 국민소득이 아프리카 여러 나라의 그것보다 적었을 때 그런 글을 읽었다면, 기아선상에 허덕이는 아프리카 사람들이 1세기 전부터 그러했고 지금도 그러하니 앞으로도 영원히 그럴 것 같다고 해도 크게 이상하지 않은 것처럼 우리 자신에 대해서도 절망했을지 모른다. 그래서 모두들 한강의 기적을 이루었다는 박정희를 그렇게도 좋아하여 그가 죽은 지 40년이 다 되어가는 지금도 그의 그림자 밑에서 살고 있는 것일까.

어떻든 웹 부부는 당시로서는 가장 진보적인 사상을 가졌던 사람들이면서도 그 정도의 글밖에 못 썼다는 점에 대해서는 유감이 있다. 명색이 지성인, 그것도 사회과학자라면 조선이 왜 그렇게 되었는지, 일본 침략으로 인해 그렇게 된 것은 아닌지, 또는 조선의 지배계급이 잔혹해서 일반 인민들의 삶이 그렇게 처참하게 된 것은 아닌지 등등에 대해 철저한 분석이 마땅히 있어야 했는지도 모른다. 그렇게 비참하게 사는 조선인들에게 인간적으로 동정하고 그 원인을 정치 · 경제 · 사회 · 문화적으로 분석했어야 하지 않을까. 그래야 다른 멍청하거나 교만한 대영제국 등의 관광여행객보다 조금이라도 낫다고 할 수 있는 것이 아닐까. 물론 그런 것에 전혀 관심이 없는 사람들에게 그런 고찰을 요구하는 것 자체가 무리일지 모른다. 게다가 그들은 조선에 그냥 구경 간 것이 아닐까. 아니면 일본인들의 초대를 받은 것일까.

여하튼 우리는 그런 여행객들이 주마간산처럼 적은 여행기에 크게 신경 쓸 필요가 없다. 누구는 이런 글들을 지금 우리로서는 도저히 용납할 수 없는 오리엔탈리즘이라고 비판하고, 세계 최초의 활자 발명이니 한글 창제니 하며 그런 찬란한 문화를 가진 우리의 역사를 무시했다고 분노할지 모른다. 또는 진흙집만이 아니라 기와집도 많았고 흰옷만이 아니라 색동저고리나 화려한 궁중복도 많았으며 신선로 같은 고급 음식도 많았다고 자랑할지 모른다. 그러나 나에게는 그런 것이 도리어 더 오리엔탈리즘적인 것으로 보인다. 서양인들의 묘사는 피상적이었지만, 그것을 완전히 거짓이라고 할 수 없다. 장하준 교수가 밝히듯이 1945년 해방 직후 문맹률 조사에서 78퍼센트의 국민들이 글자를 모르는 상태였다는 통계를 떠올린다면 더욱 그렇다.

아마도 그 반세기 전의 문맹률은 더욱 높았을 것이다. 지극히 한정된 사람들이 한자로 쓴 유교 경전 중심의 책들만 읽을 수 있었을 뿐, 도서관은 물론 책방도 없었던 나라여서 일반 민중은 그야말로 까막눈으로 평생을 살았다. 글을 읽을 줄 아는 자들이라고 해도 과거시험을 보기 위해 유교 경전을 읽는 정도였으니 별 의미가 없었다. 조선시대에 형성된 그런 전통이 21세기가 벌써 16년이나 지난 지금까지도 막강하여 세상은 크게 변하지 않고 있다. 여전히 대학이 각종 수험서로 뒤덮여 있는 야만을 보면 더욱더 그렇다.

사실 지금 한국에서도 일반인은 물론이고 진보라고 하는 사람들이 인도나 아프리카 등지에 대해 하는 말들을 보면 지금부터 1세기 전 웹 부부가 조선을 보고 했다는 말이 크게 이상하지 않게 들릴 수도 있다. 지금 영국인이나 서양인 중에서도 한국에 대해 웹 부부와 같은 말을 하는 사람들이 있을지도 모른다. 물론 그 내용은 조금 달라질 수 있다. 가령 집은 진흙으로 지은 것이 아니라 시멘트로 지은 고층 아파트이고, 복장은 기성복이나 기능복으로 바뀔 수 있다. 그러나 그 밖에 크게 달라질 것이 무얼까. 가령 지금 우리는 세계 10대 경제대국이라는 명성에 걸맞게 민주주의를 제대로 하고 있을까. 복지국가라고 할 수 있을까. 산업국가라고 할 수 있을까. 노동국가라고 할 수 있을까. 아니, 그런 것들은 없어도 좋다. 나는 100년이 지난 지금 다음과 같은 평가가 나오는 것이 두렵다.

한국인들은 모두 회색 아파트에 살면서, 활동하기 편한 울긋불긋한 기능복을 입은 채 혼자 잘 먹고 잘살되 이웃의 어려움에는 무관심하고 자기 것을 나누는 데는 지극히 인색한 미개인 6,000만 명이다.

그렇다. 1세기 만에 인구가 5배나 늘었고, 나라 살림도 세계 10위권이 되었다고 한다. 자동차도 2,000만 대를 넘어서서 한 대에 5명이 탄다고 계산하면 전 국민이 자가용을 타는 시대가 되었다. 그러나 속을 들여다보면 여전히 문제는 많다. 국민 대다수가 노동자이지만 그 반 이상이 비정규직으로 차별을 받고 있고, 몇몇 대기업 노동자들을 빼고는 정규직 노동자들의 삶도 그리 넉넉하지 못하다. 그럼에도 노동조합 조직률은 10퍼센트 전후이고, 그것도 계속 하락 중이다.

게다가 웹 부부의 눈에는 무엇보다 한국의 복지국가 수준이 문제일 것이다. 2016년 한국의 복지예산은 GDP의 10.4퍼센트로서 OECD 국가 중에서 최하위이고 그 평균의 절반에 불과하며 프랑스 지출의 30퍼센트 수준이었다. 이러한 수치보다 더 심각한 것은 그 내용이다. 무엇보다 우리의 사회보험제도는 보험가입자의 임금수준과 고용경력에 따라 급부를 결정하므로 저소득층의 소득을 보전하거나 소득을 재분배하는 기능을 전혀 못하고 극빈층을 위한 공적 부조도 최저생계비에 미치지 못한다. 게다가 복지요원은 절대적으로 부족하고 그마저 대우가 낮아 전문성이 결여되어 있고, 관료주의적 운영으로 지극히 비효율적이다. 이 모든 문제는 웹 부부가 평생을 두고 싸운 19세기 말 영국의 빈민법 체계를 방불케 한다고 해도 과언이 아니다.

그뿐 아니다. 한국 최대의 기업이자 세계적으로 유명한 삼성에도 노동조합이 없다. 삼성을 위시해 몇 개의 독점재벌이 한국 경제를 지배한다는 이유에서 삼성공화국이라고 하지만, 삼성공화국은 재벌공화국이기는 해도 노동조합이 없거나 있어도 없는 것과 마찬가지라는 이유에서 노동자나 노동조합의 공화국과는 철저히 무관하다.

당연히 경제민주주의나 산업민주주의와도 무관하다. 사실 정치적 차원의 가장 기본적인 정치민주주의와도 무관하다. 노동조합은 특히 한국과 같은 천민자본주의하에서는 최소한의 인간적 가치를 보장받기 위해서도 필요하다. 한국에서는 노동자가 최소한의 인간적 존엄성조차 보장받지 못하기 때문이다. 그러나 한국만큼 노동조합이 인기 없는 곳이 다시없다. 그것도 노동자 자신들에게 인기 없는 곳이 다시없다. 그러니 노동조합을 중심으로 하는 산업민주주의가 있을 수 없다. 노동조합이나 산업민주주의는 고사하고 노동이라는 말이 여전히 위험하거나 천박한 것으로 치부되고 있어서 누구도 노동자라는 자신의 신분에 대해 자부심을 갖기는커녕 최소한의 가치조차 인정하지 않고 있다.

영국의 노동조합운동은 아무리 짧게 보아도 200년 이상의 전통을 가지고 있는 반면, 우리의 노동조합운동은 아무리 길게 잡아도 100년 정도이고, 실질적인 운동은 50년도 채 되지 않았으며, 영국의 노동운동이 1824년 단결금지법 폐지로 인해 민형사책임을 완전히 면제받은 것을 노동운동의 결정적 계기라고 본다면, 민형사 책임이 여전히 문제되고 있는 우리의 경우 아직도 제대로 된 노동운동이 시작조차 못하고 있다고도 할 수 있다.

21세기에 와서야 복지국가를 생각하게 되었다는 우리나라에서 그것을 만든 사람들을 살펴볼 필요가 있다고 하면서 나오는 책들은 대부분 웹 부부 이야기로 시작한다. 그러나 그들이 말한 복지국가에는 노동조합을 위시한 산업민주주의라는 원리가 지배하고 있었지만, 지금 한국에서 말하는 복지국가에는 노동조합이나 산업민주주의는 빠져 있어서 웹 부부의 이야기가 우리에게는 맞지 않다는 느낌을 지울 수 없다. 마찬가지로 다원주의나 우생학이 빠져 있어서 다행이라는 생각도 들지만 적어도 웹 부부를 전체적으로 이해하기 위해서는 알아두어야 할 점이다. 그러나 실질적으로 한국에는 다원주의나 우생학이 이 세상 그 어느 나라보다 판을 치고 있어서 세계 최고 수준의 살인적인 경쟁에 모두들 시달리고 있는지도 모른다.

영국에서 19세기에 논의된 복지국가 등을 21세기에 와서야 하는 우리의 형편을 두고, 지난 수십 년의 산업화가 필요했기 때문에 어쩔 수 없는 일이고, 따라서 이제 웹 부부를 살펴보는 것이 당연하다고도 할 수 있을지 모르지만, 지금 이야기하는 복지국가라는 생각도 제대로 된 것인지 의문이다.

앞에서 언급했듯이 해방 후 많은 우리나라 사람들은 자본주의도 공산주의도 아닌 제3의 길인 사회민주주의를 추구했다. 그 열망은 자유당 반공정권하에서 숨죽였다가 4 · 19 직후에 다시 피어났으나 1년도 안 되어 다시 숨을 죽여야 했다. 그 뒤에도 여러 차례 시행착오가 있었지만, 바로 지금, 2017년, 해방 72년 만에 다시금 당시의 열망을 되살려야 한다는 희망으로 나는 이 책을 썼다. 그래야 통일도 된다는 희망으로 이 책을 썼다.

물론 이를 창백한 서생의 헛소리라고 욕할 분들도 계실 것이다. 노동조합 조직률이 10퍼센트도 안 되는 현실에서 무슨 망언이냐고 개탄할 분들도 계실 것이다. 그러나 영국에서 웹 부부를 비롯한 여러 사회민주주의자들이 노동당을 만들 때에도 노조 조직률은 10퍼센트 전후였다. 게다가 전 노조원의 3분의 2 이상과 노조운동의 정상 기관인 TUC 가입 노조원 절반 이상, 특히 광부노조와 섬유노조를 포함한 대표적인 거대노조들은 노동당 창당에 참여하지 않았다. 그런 가운데에서도 노동당은 창당되었고 집권까지 했다.

그러니 우리도 절망할 필요는 없다. 문제는 노조 조직률이나 노동조합운동의 강약이 아니다. 가치관이 문제다. 지금과 같은 물질주의로는 안 된다는 것이다. 그런 물질주의를 벗어나는 변화가 없어서는 안 된다. 19세기 말 영국에서는 그런 변화가 있었기 때문에 사회민주주의라는 가치관이 형성되었고 그것을 기초로 한 복지국가로의 지향이 가능해졌다. 20세기 후반에도 이러한 가치관의 변동이 있었다. 그 변동의 요인으로 로널드 잉글하트Ronald Inglehart, 1934~는 『조용한 혁명*The Silent Revolution*』에서 다음 네 가지를 지적했다.

1. 경제적 · 기술적 발전풍요한 사회의 도래
2. 전체 전쟁의 부재전쟁을 모르는 세대의 탄생
3. 교육수준의 향상
4. 매스컴의 확대

특히 1~3의 요인에 의해 고학력 세대의 '탈脫물질주의적 가치관'이 증대되었다. 즉 기본적인 욕구의 상대적 충족을 전제로 하여 사회적이고 자기실현적인 욕구가 증대되었다. 또 3~4의 요인에 의해 엘리트에 대한 전면적 의존을 요구하지 않는 정치적 기능의 증대가 초래되었다. 전자의 가치관 변동은 정치적 쟁점의 변화를 촉구했을 뿐 아니라, 후자의 정치적 기능의 증대와 함께 엘리트에 도전하는 행동의 확대를 조장하게 되었다.

여기서 물질주의라는 것은 경제적 관심이 중심이지만, 더 나아가 전통적인 사회질서나 안전의 유지, 민족주의, 종교적 가치와도 관련되는 것이고, 이에 반하는 탈물질주의란 참가와 표현의 자유라는 목표, 정치적 수단과 자원에 대한 자유로운 접근의 요구를 핵으로 하여 환경, 핵에너지, 여성, 인권, 국제공존, 제3세계와의 연대 등에 대한 관심까지 포함한다.

이러한 새로운 정치의 가능성은 2017년 한국에서도 어느 정도 확인할 수 있다고 나는 생각한다. 그러나 그 가능성은 웹 부부가 침투와 계몽이라고 하는 적극적인 방법에 의해 사회민주주의와 복지국가의 뿌리내리기가 가능했듯이 지식인들의 용기와 결단을 요하는 것이 아닐 수 없다. 그리고 그 전제로서 웹 부부와 같은 탈계급적이고 초계급적인 사랑이 필요하다. 즉 계급 사이의 사랑이 필요하다. 금수저와 흙수저의 차이를 넘는 사랑이 있어야 새로운 통합과 조화의 사회변화가 가능하다. 그런 사랑에 의해 노동운동이나 환경운동을 비롯해 다양한 시민운동과 사회운동이 전개되기를 나는 희망하고 기대한다.

물론 지금 우리는 19세기 말, 20세기 초에 웹 부부가 추구한 영국의 사회민주주의와 복지국가를 그대로 가져올 수도 없고 가져와서도 안 되지만 그들이 그것을 추구하면서 세운 방법론에 대해서는 주목할 필요가 충분히 있다. 무엇보다 그것은 철저한 현실분석과 그것에 입각한 실용적인 전략의 모색이다. 나아가 노동운동이나 협동조합운동의 의의나 복지국가의 도달점을 부정할 수는 없지만, 노동자계급만으로 사회개혁이 가능하다는 식의 마르크스주의적인 시각은 수정되어야 한다. 또한 과거 영국에서처럼 노동자의 이익이 여성이나 식민지 민중의 희생 위에 추구되어서도 안 된다. 다양한 입장을 포섭하는 새로운 공공성의 의식에 근거한 사회민주주의와 복지국가를 창조해야 한다.

찾아보기

용어

인명

서명

대우휴먼사이언스 019

복지국가의 탄생

사회민주주의자 웹 부부의 삶과 생각

1판 1쇄 찍음 | 2017년 12월 29일
1판 1쇄 펴냄 | 2018년 1월 5일

지은이 | 박홍규
펴낸이 | 김정호
펴낸곳 | 아카넷

출판등록 | 2000년 1월 24일(제406-2000-000012호)
주소 | 10881 경기도 파주시 회동길 445-3
전화 | 031-955-9511(편집) · 031-955-9514(주문) 팩시밀리 | 031-955-9519
www.acanet.co.kr | www.phildam.net

Printed in Seoul, Korea.

ISBN 978-89-5733-579-6 03990

이 도서의 국립중앙도서관 출판예정도서목록(CIP)은 서지정보유통지원시스템 홈페이지(http://seoji.nl.go.kr)와 국가자료공동목록시스템(http://www.nl.go.kr/kolisnet)에서 이용하실 수 있습니다.(CIP제어번호: CIP2017032680)

이 제작물은 아모레퍼시픽의 아리따글꼴을 사용하여 디자인 되었습니다.